Interaktion
Deutsch miteinander
3. Auflage

Hisahiro HAYASHI, Ryoko TSURUTA

HAKUSUISHA

──── 音声ダウンロード ────

 この教科書の音源は、白水社ホームページ（www.hakusuisha.co.jp/download/）からダウンロードすることができます。
（お問い合わせ先：text@hakusuisha.co.jp）

装丁・本文レイアウト・イラスト　岡村伊都
音声吹込　Thomas Meyer
Katharina Muelenz-Goli

はじめに

　本書は、初めてドイツ語を学ぶ学習者のための教科書です。それぞれの課はすべて4ページから構成されています。以下にその詳細を記します。

第1ページ：文法

　基本的な文法事項をコンパクトに1ページにまとめました。ここで文法事項を確認したのち練習問題へと進みます。

第2ページ：練習問題

　語形変化、穴埋め問題、並べ替え問題などを用意しました。これらの練習問題を通じて、しっかりと文法事項を確認してください。

第3ページ：短い読みもの

　自己紹介文、対話、短い物語など、さまざまな短い読みものを読んで質問に答えます。内容がすべて理解できなくても、ポイントを読みとり、質問に答えることができれば十分です。

第4ページ：ドイツ語作文

　各課の最後の確認として作文を用意しました。実際に文を書いてみることで各課のおさらいをします。

第3～第4ページ：パートナー練習

　各課の基本事項をパートナーとともに口答で確認します。本書の核となる部分です。パートナーと会話をしながら空欄を埋めていきます。お互いのページを見ないで口答練習を進めていきます。

　本書のコンセプトは「コンパクトにまとめられた基礎的な文法を、練習問題を通じて確認したのち、実際にパートナーとともにドイツ語で会話することで、互いに教え合いながら学ぶ」というものです。「他の学習者とのドイツ語会話」という〈インターアクション〉が成立すること。それを本書は目指しています。

　本書の初版は8年前に、改訂版は4年前に刊行されました。今回、より使いやすい教科書となるよう版を改めることにいたしました。本書の基本フォーマットは維持しつつ、練習問題等を大幅に見直し、分かりやすいものとなるよう心がけました。また全12課に構成を改め、学習者の負担を軽減することとしました。もちろん余裕があれば補足文法にも取り組んでください。

　本書の作成にあたり今回もイミック・アレクサンダー先生（中京大学）に協力していただきました。記して感謝申し上げます。

2023年　春

著　者

Inhalt 目次

各課の構成

1 ——— **文法のまとめ**［ドイツ語の決まりを学ぶ］

2 ——— **練習問題**［文法の確認をする］

3・4 ——— **パートナー練習**［ドイツ語を話す＆聞く］
         短い読みもの［ドイツ語を読む］
         作文［ドイツ語を書く］

アルファベート・発音・挨拶表現・数詞

1. アルファベート

A	a	[アー]	P	p	[ペー]
B	b	[ベー]	Q	q	[クー]
C	c	[ツェー]	R	r	[エル]
D	d	[デー]	S	s	[エス]
E	e	[エー]	T	t	[テー]
F	f	[エフ]	U	u	[ウー]
G	g	[ゲー]	V	v	[ファオ]
H	h	[ハー]	W	w	[ヴェー]
I	i	[イー]	X	x	[イクス]
J	j	[ヨット]	Y	y	[ユプスィロン]
K	k	[カー]	Z	z	[ツェット]
L	l	[エル]	Ä	ä	[エー]
M	m	[エム]	Ö	ö	[エー]
N	n	[エン]	Ü	ü	[ユー]
O	o	[オー]		ß	[エスツェット]

1 以下の略号を発音しましょう。

(1) CD   (2) DVD   (3) PC   (4) WC   (5) BMW

(6) DB   (7) ICE   (8) PLZ   (9) ZDF   (10) BRD

A

パートナー練習を行います。□内のアルファベットをパートナーに読み上げてもらい、線でつなげていきましょう。何の絵になるでしょうか。

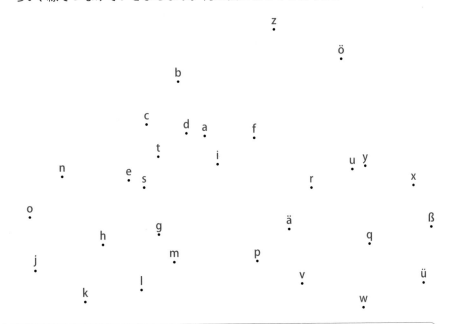

Ａのために読み上げるアルファベット	a-f-b-c-d-m-h-e-n-o-j-k-l-g-s-t-i-p-q-u-r-ä-v-w-ü-ß-x-y-ö-z

B

今度は役割を変えてください。□内のアルファベットをパートナーに読み上げてもらい、線でつなげていきましょう。何の絵になるでしょうか。

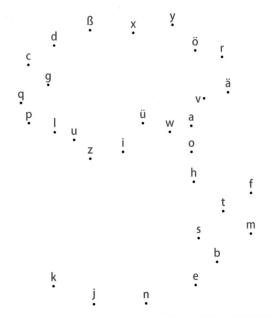

Ｂのために読み上げるアルファベット	a-o-f-m-b-s-t-h-e-n-j-k-l-p-q-g-c-d-ß-x-y-ö-r-ä-v-w-ü-i-z-u

2. 発　音

発音の原則

① ローマ字を読むように発音します。

② アクセントは最初の母音に置きます。

③ アクセントのある母音は以下の場合には長く発音します。

　(1) 母音＋子音一つ（母音＋子音二つ以上のときは短い）

　(2) aa, ee, oo

　(3) 母音＋h（hは発音しません）

3　以下の語を発音しましょう。　 🔊004

(1) Tante	(2) finden	(3) kommen	(4) Name	(5) geben
(6) haben	(7) Boot	(8) Tee	(9) fahren	(10) gehen

注意すべき母音と子音

① ウムラウト

> 名詞の頭文字は大文字にします。　🔊005

ä［エ（ー）］　　Kälte 寒さ　　　　Träne 涙

ö［エ（ー）］　　Röntgen レントゲン　Öl オイル

ü［ユ（ー）］　　fünf 5　　　　　　müde 疲れた

② 二重母音

ei［アイ］　　　klein 小さい　　eins 1

eu/äu［オイ］　heute 今日　　Euro ユーロ　　träumen 夢を見る

au［アオ］　　Auto 車　　　blau 青い

③ 長母音

ie［イー］　　Liebe 愛　　　Brief 手紙

④ 子音　🔊006

語末、音節末の -b, -d, -gは無声音

-b［プ］　　　gelb 黄色の

-d［ト］　　　und ～と～

-g［ク］　　　Tag 日

語末の -ig［イヒ］　billig 安い

chs, x［クス］　　Fuchs キツネ　　Taxi タクシー

a, o, u, auの後のch［ハ/ホ/フ/ホ］　Bach 小川　　hoch 高い　　Buch 本　　auch ～も

それ以外［ヒ］　　ich 私

8

sch［シュ］	komisch おかしい	
tsch［チュ］	Deutsch ドイツ語	
s＋母音［ザ行］	sehen 見る	
それ以外［サ行］	Eis アイス	
ss, ß［ス］	essen 食べる	heißen 〜という名前である
語頭のsp-［シュプ］	Sport スポーツ	
語頭のst-［シュト］	Stein 石	
j［ヤ行］	Japan 日本	
v［フ］	Vater 父	
w［ヴ］	Wagen 自動車	
ds, tz, ts［ツ］	abends 晩に jetzt 今 nachts 夜に	
pf［プフ］	Apfel りんご	
qu［クヴ］	Quittung 領収書	
dt, th［ト］	Stadt 町 Thema テーマ	

⑤ 外来語　🔊007

Klavier　Café　Familie　Museum　Orange　Restaurant

3. 挨拶表現　🔊008

Guten Morgen!	おはよう！
Guten Tag!	こんにちは！
Guten Abend!	こんばんは！
Gute Nacht!	おやすみ！
Danke schön!	どうもありがとう！
Bitte schön!	どういたしまして！
Entschuldigung!	すみません！
Auf Wiedersehen!	さようなら！
Tschüs!	バイバイ！

Wie geht es Ihnen?	ご機嫌いかがですか？
Wie geht's?	調子はどう？
Danke, sehr gut.	ありがとう、とてもいいよ。
Danke, gut.	いいよ。
Danke, es geht.	まあ、いいよ。

4. 数　詞

0	null	［ヌル］				
1	eins	［アインス］	11	elf	［エルフ］	
2	zwei	［ツヴァイ］	12	zwölf	［ツヴェルフ］	
3	drei	［ドライ］	13	dreizehn	［ドライツェーン］	
4	vier	［フィーア］	14	vierzehn	［フィアツェーン］	
5	fünf	［フュンフ］	15	fünfzehn	［フュンフツェーン］	
6	sechs	［ゼクス］	16	sechzehn	［ゼヒツェーン］	
7	sieben	［ズィーベン］	17	siebzehn	［ズィープツェーン］	
8	acht	［アハト］	18	achtzehn	［アハツェーン］	
9	neun	［ノイン］	19	neunzehn	［ノインツェーン］	
10	zehn	［ツェーン］	20	zwanzig	［ツヴァンツィヒ］	

21	ein**und**zwanzig	［アインウントツヴァンツィヒ］
22	zwei**und**zwanzig	
23	drei**und**zwanzig	
24	vier**und**zwanzig	
25	fünf**und**zwanzig	
26	sechs**und**zwanzig	
27	sieben**und**zwanzig	
28	acht**und**zwanzig	
29	neun**und**zwanzig	

30	dreißig	［ドライスィヒ］
40	vierzig	［フィアツィヒ］
50	fünfzig	［フュンフツィヒ］
60	sechzig	［ゼヒツィヒ］
70	siebzig	［ズィープツィヒ］
80	achtzig	［アハツィヒ］
90	neunzig	［ノインツィヒ］
100	hundert	［フンダァト］
1000	tausend	［タオゼント］

ポイント

13 ～ 19：-zehn

3	drei	→	dreizehn	13
6	sechs	→	sechs̶zehn	16
7	sieben	→	sieb̶e̶n̶zehn	17

2けたの数

一の位 und 十の位

neununddzwanzig → 29
　9　　　と　　　20　　　（9と20）

20, 30, 40, 50 ... : -zig

（ただし30は -ßig）

パートナー練習を行います。□内の数字をパートナーに読み上げてもらい、該当するマスを塗っていきましょう。何の絵になるでしょうか。

1	2	3	4	5	6	7	8	9	10	11	12
13	14	15	16	17	18	19	20	21	22	23	24
25	26	27	28	29	30	31	32	33	34	35	36
37	38	39	40	41	42	43	44	45	46	47	48
49	50	51	52	53	54	55	56	57	58	59	60
61	62	63	64	65	66	67	68	69	70	71	72
73	74	75	76	77	78	79	80	81	82	83	84
85	86	87	88	89	90	91	92	93	94	95	96

A のために
読み上げる数字

3-4-5-6-7-8-9-10-15-19-23-27-31-35-37-38-39-40-41-42-43-
44-45-46-47-49-50-51-53-54-55-56-58-59-61-62-64-66-67-
69-71-72-75-77-80-82-88-93

今度は役割を変えてください。□内の数字をパートナーに読み上げてもらい、該当するマスを塗っていきましょう。何の絵になるでしょうか。

1	2	3	4	5	6	7	8	9	10	11	12
13	14	15	16	17	18	19	20	21	22	23	24
25	26	27	28	29	30	31	32	33	34	35	36
37	38	39	40	41	42	43	44	45	46	47	48
49	50	51	52	53	54	55	56	57	58	59	60
61	62	63	64	65	66	67	68	69	70	71	72
73	74	75	76	77	78	79	80	81	82	83	84
85	86	87	88	89	90	91	92	93	94	95	96

B のために
読み上げる数字

2-3-5-11-12-15-16-17-24-26-28-36-37-38-39-40-41-42-43-
44-45-46-47-48-50-51-52-53-54-55-56-57-58-59-63-64-65-
66-67-68-69-70-71-75-76-81-82-86-87-91-92-93

動詞の現在人称変化・語順

例文 010

1. 人称代名詞と動詞の現在人称変化

語幹 + 語尾

lernen 学ぶ ＝ **lern** **en**

				lernen	**wohnen**
単数	1人称	**ich**	私は	**lerne**	**wohne**
	2人称 (親称)	**du**	君は	**lernst**	**wohnst**
	3人称	**er/sie/es**	彼／彼女／それは	**lernt**	**wohnt**
複数	1人称	**wir**	私たちは	**lernen**	**wohnen**
	2人称 (親称)	**ihr**	君たちは	**lernt**	**wohnt**
	3人称	**sie**	彼ら／彼女ら／それらは	**lernen**	**wohnen**
単・複	2人称 (敬称)	**Sie/Sie**	あなた／あなたがたは	**lernen**	**wohnen**

> 語幹＋enという動詞の基本的な形を**不定詞**と言います。

> 人称変化した動詞を**定動詞**と言います。

2. 語順

①平叙文 (→定動詞第2位) 　 主語 ＋ 定動詞 ... 　または 　 テーマとしたい事項 ＋ 定動詞 ＋ 主語 ...

Ich **lerne** heute Deutsch. 　　　　　私は今日ドイツ語を学びます。
Heute **lerne** ich Deutsch. 　　　　　今日私はドイツ語を学びます。

②ja (はい)、nein (いいえ) を問う疑問文 　 定動詞 ＋ 主語 ...?

Wohnt er in Bremen? 　　　　　　彼はブレーメンに住んでいますか？
— **Ja**, er **wohnt** in Bremen. 　　　　　—— はい、彼はブレーメンに住んでいます。
— **Nein**, er **wohnt** nicht in Bremen. 　　—— いいえ、彼はブレーメンに住んでいません。

③疑問詞を用いた疑問文 　 疑問詞 ＋ 定動詞 ＋ 主語 ...?

Wo wohnen Sie? 　　　　　　　あなたは**どこに**住んでいるのですか？
Woher kommen Sie? 　　　　　　あなたは**どこから**来ていますか？（出身はどちらですか？）
Was machen Sie hier? 　　　　　あなたはここで**何を**していますか？
Wie heißen Sie? 　　　　　　　あなたは**何という**名前ですか？
Wer wohnt hier? 　　　　　　　ここに**誰が**住んでいるのですか？

3. 重要な動詞seinとhaben

	sein (～である)	haben (～を持つ)
ich	**bin**	habe
du	**bist**	hast
er/sie/es	**ist**	hat
wir	**sind**	haben
ihr	**seid**	habt
sie/Sie	**sind**	haben

Sind Sie Student? 　　　　　あなたは学生ですか？
— Ja, ich **bin** Student. 　　　—— はい、学生です。

Hast du Hunger? 　　　　　　君はお腹がすいているの？
— Ja, ich **habe** Hunger. 　　　—— うん、お腹がすいているよ。

> 1の表の下から二つ (sieとSie/Sie) は動詞の変化が同じなので、これ以降このようにまとめて書きます。

1

空欄に動詞の変化形を入れましょう。

	kommen （来る）	spielen （プレーする、演奏する）	arbeiten （働く）	heißen （〜という名前である）
ich				
du				
er/sie/es				
wir				
ihr				
sie/Sie				

2

下線部に動詞を適切な形にして入れましょう。 🔊011

(1) a: Hallo! Ich **komme** aus Japan. Woher _____ du?
   こんにちは。私は日本から来ています。君はどこから来ているの？

   b: Ich _____ aus China. 中国から来ています。

(2) a: Ich **wohne** in Bremen. Wo _____ du?
   私はブレーメンに住んでいます。君はどこに住んでいるの？

   b: Ich _____ in Berlin. 私はベルリンに住んでいます。

(3) a: Ich lerne Deutsch. Und Sie? Was _____ Sie?
   私はドイツ語を勉強しています。あなたは？　あなたは何を勉強していますか？

   b: Ich _____ Japanisch. 私は日本語を勉強しています。

(4) a: Ich **spiele** heute Tennis. _____ du auch heute Tennis? | auch ～も |
   私は今日テニスをします。君も今日テニスをする？

   b: Nein, heute _____ ich Fußball. いいえ、今日私はサッカーをします。

3

例にならって文を作りましょう。動詞は正しい形にしてください。 🔊012

例 er / Fußball / spielen /.   _Er spielt Fußball._

(1) ich / in Nagoya / wohnen / .   _____

(2) a: wo / er / wohnen / ?   _____

   b: er / in Osaka / wohnen / .   _____

(3) a: woher / Anna / kommen / ?   _____

   b: Anna / aus Deutschland / kommen / . _____

(4) a: wie alt / du / sein / ?   _____

   b: ich / 18 Jahre alt / sein / .   _____

4

パートナーと協力して、友人たちの「出身」「住所」「年齢」を空欄に入れていきましょう。（隣のページは見ないでください）。空欄に入れる語は　　内から選んでください。例文と　　内の語の発音を確認してから始めましょう。

例 Woher kommt Thomas? ― Thomas kommt aus (　Berlin　).
　 Wo wohnt Thomas? 　― Thomas wohnt in (　　　　　　　).
　 Wie alt ist Thomas? ― Thomas ist (　　　　　　　) Jahre alt.

地 名：Berlin (ベルリン), Frankfurt (フランクフルト), Mainz (マインツ), München (ミュンヘン),
　　　 Hamburg (ハンブルク), Freiburg (フライブルク), Köln (ケルン), Düsseldorf (デュッセルドルフ)

	Thomas	Maria	Anna	Martin	ich	Partner/-in
Woher kommt ...?	**Berlin**		Mainz			
Wo wohnt ...?	Hamburg		Köln			
Wie alt ist ...?	21		19			

パートナーに尋ねる場合は次のようになります。

Woher kommst du?　― Ich komme aus ...
Wo wohnst du?　　― Ich wohne in ...
Wie alt bist du?　 ― Ich bin ... Jahre alt.

5

以下の文を読んで質問に答えましょう。

Ayaka kommt aus Kyoto und wohnt jetzt in Frankfurt.
Sie ist 20 Jahre alt. Sie studiert Musik und spielt sehr gut
Klavier. Sie hört oft Schubert. Sie macht auch Ikebana.

jetzt 今　studiert < studieren 専攻する　sehr とても　gut 上手に
hört < hören 聴く　oft しばしば　macht < machen ～する

(1) Woher kommt Ayaka?
_____

(2) Wohnt sie jetzt in Mainz?
_____

(3) Wie alt ist sie?
_____

(4) Macht sie Ikebana?
_____

 **B** パートナーと協力して、友人たちの「出身」「住所」「好きな飲み物」「年齢」を空欄に入れていきましょう。(隣のページは見ないでください)。空欄に入れる語は 　　　 内から選んでください。例文と 　　 内の語の発音を確認してから始めましょう。

例 Woher kommt Thomas? — Thomas kommt aus (Berlin).
　 Wo wohnt Thomas? 　　— Thomas wohnt in (　　　　　　).
　 Wie alt ist Thomas? 　— Thomas ist (　　　　　　) Jahre alt.

> 地 名：Berlin (ベルリン), Frankfurt (フランクフルト), Mainz (マインツ), München (ミュンヘン),
> 　　　 Hamburg (ハンブルク), Freiburg (フライブルク), Köln (ケルン), Düsseldorf (デュッセルドルフ)

	Thomas	Maria	Anna	Martin	ich	Partner/-in
Woher kommt ...?	**Berlin**	Frankfurt		München		
Wo wohnt ...?		Freiburg		Düsseldorf		
Wie alt ist ...?		22		18		

パートナーに尋ねる場合は次のようになります。
　 Woher kommst du? — Ich komme aus ...
　 Wo wohnst du? 　　— Ich wohne in ...
　 Wie alt bist du? 　— Ich bin ... Jahre alt.

---

6 (　) 内を参考に、必要な語を補ってドイツ語で書きましょう。 🔊 014

(1) 彼はシュテファン (Stefan) という名前です。

_____

(2) 彼はハンブルク出身です。

_____

(3) 現在、彼はオーストリアのザルツブルクに住んでいます。
　　(jetzt / in Salzburg in Österreich)

_____

(4) 彼女は誰ですか？ ── 彼女は教師 (Lehrerin) です。
　　(wer / sein)

_____

(5) あなたは熱がありますか？ ── はい、私は熱があります。
　　(Fieber / haben)

_____

定冠詞・不定冠詞

1. 名詞の性・数・格

● 名詞は**文法上の性**（**男性・女性・中性**）を持っています。

● 名詞は**複数形になると性がなくなります**。

● 名詞には文中での役割に応じて**4つの格**があります。
（日本語の「〜は」「〜の」「〜に」「〜を」に相当）

● 名詞の多くは冠詞をともなって現れます。その際、**冠詞は性・数・格に応じて変化**します。

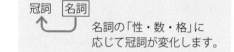

冠詞　名詞

名詞の「性・数・格」に
応じて冠詞が変化します。

2. 定冠詞

定冠詞の格変化（英：the）

	男性	女性	中性	複数
1格（〜は）	**der** ―	**die** ―	**das** ―	**die** ―
2格（〜の）	**des** ―(e)s	**der** ―	**des** ―(e)s	**der** ―
3格（〜に）	**dem** ―	**der** ―	**dem** ―	**den** ―n
4格（〜を）	**den** ―	**die** ―	**das** ―	**die** ―

✦ 男性2格・中性2格では、名詞の後ろに -s または -es を付けます。
✦ 複数名詞の3格では、名詞の後ろに -n を付けます。

1格 **Der Mann** ist Lehrer.　　　　　　　その**男の人**は教師です。

2格 Heute ist der Geburtstag **des Mannes**.　今日は**その男の人**の誕生日です。
　　　　　　　　　　　　　　　　　　　✦ 2格は後ろから前の名詞を修飾します。

3格 Ich danke **dem Mann**.　　　　　　　私は**その男の人**に感謝しています。

4格 Kennst du **den Mann**?　　　　　　　君は**その男の人**を知ってるかい？

3. 不定冠詞

不定冠詞の格変化（英：a/an）

	男性	女性	中性
1格（〜は）	**ein** ―	**eine** ―	**ein** ―
2格（〜の）	**eines** ―(e)s	**einer** ―	**eines** ―(e)s
3格（〜に）	**einem** ―	**einer** ―	**einem** ―
4格（〜を）	**einen** ―	**eine** ―	**ein** ―

✦ 男性2格・中性2格では、名詞の後ろに
-s または -es を付けます。

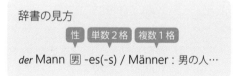

辞書の見方

性　単数2格　複数1格

der Mann 男 -es(-s) / Männer : 男の人…

1格 Da steht **ein Mann**.　　　あそこに**一人の男の人**が立っています。

4格 Er liebt **eine Frau**.　　　彼は**ある女の人**を愛しています。

1 ドイツ語に直しましょう。 🔊016

(1) その友人 (Freund男) は ＿＿＿＿＿＿

(2) その女性 (Frau女) に ＿＿＿＿＿＿

(3) その本 (Buch中) を ＿＿＿＿＿＿

(4) その父親 (Vater男) の ＿＿＿＿＿＿

(5) そのカバン (Tasche女) は ＿＿＿＿＿＿

(6) ある女子学生 (Studentin女) が ＿＿＿＿＿＿

(7) ある子ども (Kind中) に ＿＿＿＿＿＿

(8) 一匹の猫 (Katze女) に ＿＿＿＿＿＿

(9) 一匹の犬 (Hund男) を ＿＿＿＿＿＿

(10) ある母親 (Mutter女) の ＿＿＿＿＿＿

2 （　　）内に定冠詞を適切な形にして入れましょう。 🔊017

(1) (　　　　　) Studentin女 heißt Nina.　　その女子学生はニーナという名前です。

(2) Ich kaufe heute (　　　　) Buch中.　　私は今日その本を買います。

(3) Wie finden Sie (　　　　) Film男?　　あなたはその映画をどう思いますか？

(4) Ich schreibe (　　　　) Studentin女 eine E-Mail.　　私はその女子学生にメールを書きます。

(5) (　　　) Kind中 kauft (　　　) Bleistift男.　　その子どもは その鉛筆を買います。

(6) (　　　) Kinder複 spielen Fußball.　　その子どもたちはサッカーをしています。

(7) (　　) Name男 (　　　) Katze女 ist Tama.　　その猫の 名前はタマです。

(8) Kennst du (　　　) Titel男 (　　　) Buchs中?　　君はその本の 題名を知っていますか？

3 （　　）内に不定冠詞を適切な形にして入れましょう。 🔊018

(1) Ich habe (　　　　) Bruder男.　　私は兄 (弟) が一人います。

　　　　　　　　　　　　　　　　　　（私は一人の兄 (弟) を持っています）

(2) Ich habe (　　　) Schwester女.　　私は姉 (妹) が一人います。

(3) (　　　　) Kind中 spielt Klavier.　　一人の子どもがピアノを弾いています。

(4) Kaufst du heute (　　　) Fahrrad中?　　君は今日 (一台の) 自転車を買うの？

(5) Was brauchen Sie?　　あなたは何を必要としているのですか？

　　—Ich brauche (　　　) Fernseher男.　　私は (一台の) テレビを必要としています。

(6) Er braucht (　　) Uhr女.　　彼は (一つの) 時計を必要としている。

(7) Sie braucht (　　　) Computer男.　　彼女は (一台の) パソコンを必要としている。

(8) Was brauchst du?　　君は何を必要としているの？

　　—Ich brauche (　　　) Bett中.　　私は (一つの) ベッドを必要としています。

4　パートナーと協力して、友人たちが「必要としているもの」を空欄に入れていきましょう。空欄に入れる語は　　内から選んでください。例文と　　内の語の発音を確認してから始めましょう。

例　Was braucht Thomas? — Thomas braucht (einen Computer).
　　[Was brauchst du?　　— Ich brauche einen/eine/ein...]

男 : einen Computer (パソコン), einen Fernseher (テレビ), einen Wecker (目覚まし時計),
　　einen Kühlschrank (冷蔵庫), einen Tisch (テーブル), einen Drucker (プリンター)
女 : eine Uhr (時計), eine Tasche (カバン), eine Waschmaschine (洗濯機)
中 : ein Bett (ベッド), ein Sofa (ソファー), ein Fahrrad (自転車)

名前	必要としているもの
Thomas	**einen Computer**
Maria	
Martin	ein Fahrrad
Stefan	
Kenta	eine Tasche
Daniel	
Anna	einen Fernseher

名前	必要としているもの
Monika	
Ryoko	einen Wecker
Claudia	
Takashi	ein Bett
Mayumi	
ich	
Partner/-in	

5　MayumiとRyokoの休日について書かれた文を読んで質問に答えましょう。

Mayumi und Ryoko machen heute in Shinjuku Einkäufe. Mayumi kauft einen Rock. Ryoko kauft eine Jeans und ein T-Shirt. Die Sonne scheint. Sie haben Durst. Sie finden ein Café. Mayumi trinkt einen Apfelsaft. Ryoko trinkt einen Orangensaft. Danach gehen sie ins Kino. Sie sehen einen Film. Der Titel des Films ist „Der Herr der Ringe".

(1) Wo machen Mayumi und Ryoko Einkäufe?

_____

(2) Was kauft Mayumi?

_____

(3) Was trinkt Ryoko?

_____

(4) Was sehen sie im Kino?

_____

Einkäufe　買い物
scheint < scheinen　輝く
Durst　のどの渇き
Apfelsaft　リンゴジュース
(Apfel + Saft)
danach　そのあとで
ins Kino　映画館へ
im Kino　映画館で
Der Herr der Ringe
　英 The Lord of the Rings

B パートナーと協力して、友人たちが「必要としているもの」を空欄に入れていきましょう。空欄に入れる語は ▢ 内から選んでください。例文と ▢ 内の語の発音を確認してから始めましょう。

例 Was braucht Thomas? — Thomas braucht (einen Computer).
[Was brauchst du? — Ich brauche einen/eine/ein…]

男：einen Computer (パソコン), einen Fernseher (テレビ), einen Wecker (目覚まし時計),
einen Kühlschrank (冷蔵庫), einen Tisch (テーブル), einen Drucker (プリンター)
女：eine Uhr (時計), eine Tasche (カバン), eine Waschmaschine (洗濯機)
中：ein Bett (ベッド), ein Sofa (ソファー), ein Fahrrad (自転車)

名前	必要としているもの
Thomas	**einen Computer**
Maria	eine Uhr
Martin	
Stefan	einen Drucker
Kenta	
Daniel	einen Kühlschrank
Anna	

名前	必要としているもの
Monika	eine Waschmaschine
Ryoko	
Claudia	einen Tisch
Takashi	
Mayumi	ein Sofa
ich	
Partner/-in	

6 ( ) 内を参考に、必要な語を補ってドイツ語で書きましょう。

(1) 私は (一台の) 自転車を持っています。
(Fahrrad中 / haben)

_____

(2) その女子学生はレストランでアルバイトをしています。
(Studentin女 / in einem Restaurant / jobben)

_____

(3) 窓辺に女性が一人座っています。
(am Fenster / Frau女 / sitzen)

_____

(4) その車はその男の人のものです。(その車はその男の人に属する)
(Auto中 / Mann男 / gehören)

> gehören ～に属する

(5) そのケーキはおいしい。
(Kuchen男 / schmecken / gut)

_____

1. 不規則変化動詞

主語がdu, er/sie/esのとき語幹部分が変化する動詞があり、不規則変化動詞と呼ばれています。不規則変化動詞には三つのパターンがあります。

		① a → ä 例：**fahren**（乗り物で）行く	② e → i 例：**sprechen** 話す	③ e → ie 例：**sehen** 見る
ich	-e	fahre	spreche	sehe
du	-st	fährst	sprichst	siehst
er/sie/es	-t	fährt	spricht	sieht
wir	-en	fahren	sprechen	sehen
ihr	-t	fahrt	sprecht	seht
sie/Sie	-en	fahren	sprechen	sehen

タイプ① schlafen 眠る
タイプ② essen 食べる
　　　 geben 与える
タイプ③ lesen 読む

✦ 巻末に不規則変化動詞の一覧があります。

Wohin **fährst** du? 君はどこへ行くの？
—— Ich fahre nach Berlin. —— ベルリンへ行きます。

Sprichst du Deutsch? 君はドイツ語を話すの？
—— Ja, ich spreche ein bisschen Deutsch. —— はい、少しドイツ語を話します。

Siehst du gern Filme? 君は映画を見るのは好き？
—— Ja, ich sehe gern Filme. —— はい、映画を見るのは好きです。

2. 命令形

命令をする相手（du, ihr, Sie）に応じて、動詞の命令形は変化します。

	kommen	**warten**	**geben**	**sein** 注2
duに対して **語幹（＋e）…！**	Komm(e)!	Warte!	Gib! 注1	Sei ruhig!
ihrに対して **語幹＋t …！**	Kommt!	Wartet! ↑口調上のe	Gebt!	Seid ruhig!
Sieに対して **語幹＋en Sie …！**	Kommen Sie!	Warten Sie!	Geben Sie!	Seien Sie ruhig!

注1：不規則変化動詞のうちe→i, e→ie型の動詞では、duに対する命令文でも語幹が変化します。またその際にeが付くことはありません。
注2：seinの命令形は特殊な変化をします。

Komm doch schnell! 早くおいでよ！
Nehmen Sie bitte Platz! どうぞおかけください。

命令形とともに以下の副詞がよく用いられ、感情やニュアンスを表現します。
bitte どうか
doch さあ
mal ちょっと

Übungen

1

空欄に動詞の変化形を入れましょう。

	schlafen（眠る）	essen（食べる）	geben（与える）	lesen（読む）
ich				
du				
er/sie/es				
wir				
ihr				
sie/Sie				

3

2

下線部に動詞を適切な形にして入れましょう。　🔊022

(1) a: Ich **fahre** im Sommer nach Kyoto.　　私は夏に京都に行きます。

Wohin ＿＿＿＿＿ du?　　君はどこに行くの？

b: Ich ＿＿＿＿＿ nach Kanazawa.　　私は金沢に行きます。

(2) a: Ich **spreche** Deutsch.　　私はドイツ語を話します。

＿＿＿＿＿ du Deutsch?　　君はドイツ語を話すの？

b: Ja, ich ＿＿＿＿＿ ein bisschen Deutsch.　　はい、少し話します。

(3) a: Ich **esse** gern Eis. ＿＿＿＿＿ du auch gern Eis?　私はアイスが好きだけど、君もアイス好き？

b: Ja, ich ＿＿＿＿＿ auch gern Eis.　　はい、私も好きです。　　gern　好んで

(4) a: Ich **lese** gern Comics. Was ＿＿＿＿ du gern?　私はマンガが好きだけど、君は何を読むのが好き？

b: Ich ＿＿＿＿＿ gern Krimis.　　推理小説が好きです。

3

例にならって文を作りましょう。動詞は正しい形にしてください。　🔊023

例　ich / gern / Fleisch / essen /.　　　*Ich esse gern Fleisch.*

(1) Thomas / Fisch / gern / essen / .　　＿＿＿＿＿＿＿

(2) a: was / Maria / gern / lesen / ?　　＿＿＿＿＿＿＿

b: Maria / gern / Zeitschriften / lesen /.　　＿＿＿＿＿＿＿

(3) a: Martin / was / gern /essen / ?　　＿＿＿＿＿＿＿

b: Martin / gern / Wurst / essen / .　　＿＿＿＿＿＿＿

(4) fahren / doch / langsam / ! （duに対する命令形）　＿＿＿＿＿＿＿

(5) Sie / langsam / fahren / bitte / ! （Sieに対する命令形）　＿＿＿＿＿＿＿

4

パートナーと協力して、友人たちの「好み」を空欄に入れていきましょう。空欄に入れる語は 　　 内から選んでください。例文と 　　 内の語の発音を確認してから始めましょう。

例　Was **trinkt** Thomas gern?　— Thomas **trinkt** gern (Bier).
　　Was **isst** Thomas gern?　　— Thomas **isst** gern (　　　　).
　　Was **liest** Thomas gern?　 — Thomas **liest** gern (　　　　).
　　Was **hört** Thomas gern?　 — Thomas **hört** gern (　　　　).
　　[Was {**trinkst/isst/liest/hörst**} du gern? —Ich {**trinke/esse/lese/höre**} gern (　).]

> hören 聴く
> （規則変化）

> **trinken**: Bier (ビール), Tee (お茶), Wein (ワイン), Kaffee (コーヒー)
> **essen**:　 Fleisch (肉), Fisch (魚), Pizza (ピザ), Wurst (ソーセージ)
> **lesen**:　 Zeitung (新聞), Comics (マンガ), Krimis (推理小説), Zeitschriften (雑誌)
> **hören**:　 Popmusik (ポップス), klassische Musik (クラシック), Rockmusik (ロック), Jazz (ジャズ)

	trinken	essen	lesen	hören
Thomas	**Bier**	Fleisch	Comics	Popmusik
Martin				
Maria	Wein	Fisch	Zeitschriften	Jazz
Anna				
ich				
Partner/-in				

5　以下の文を読んで質問に答えましょう。　

> Das ist Wolfgang. Er kommt aus Deutschland. Er wohnt jetzt in Japan und arbeitet in Tokio als Ingenieur. Er spricht natürlich Deutsch und fließend Englisch. Am Arbeitsplatz spricht er immer Englisch. Nach der Arbeit lernt er fleißig Japanisch. Er isst gern Sushi. Er liest auch gern Comics.

(1) Woher kommt Wolfgang?　　＿＿＿＿＿＿＿＿＿＿＿＿＿＿＿＿

(2) Wo wohnt er jetzt?　　　　＿＿＿＿＿＿＿＿＿＿＿＿＿＿＿＿

(3) Spricht er sehr gut Englisch?　＿＿＿＿＿＿＿＿＿＿＿＿＿＿＿＿

(4) Was isst er gern?　　　　　＿＿＿＿＿＿＿＿＿＿＿＿＿＿＿＿

(5) Was liest er gern?　　　　　＿＿＿＿＿＿＿＿＿＿＿＿＿＿＿＿

> das ist ... こちらは…です　　als ～として　　Ingenieur エンジニア　　natürlich もちろん
> fließend 流暢に　　am Arbeitsplatz 職場で　　immer いつも　　nach der Arbeit 仕事の後で

B パートナーと協力して、友人たちの「好み」を空欄に入れていきましょう。空欄に入れる語は▮▮▮内から選んでください。例文と▮▮▮内の語の発音を確認してから始めましょう。

例 Was **trinkt** Thomas gern?　— Thomas **trinkt** gern (Bier).
　 Was **isst** Thomas gern?　　— Thomas **isst** gern (　　　).
　 Was **liest** Thomas gern?　　— Thomas **liest** gern (　　　).
　 Was **hört** Thomas gern?　　— Thomas **hört** gern (　　　).
　 [Was {**trinkst/isst/liest/hörst**} du gern? —Ich {**trinke/esse/lese/höre**} gern (　).]

> hören 聴く
> (規則変化)

> **trinken**: Bier (ビール), Tee (お茶), Wein (ワイン), Kaffee (コーヒー)
> **essen**:　 Fleisch (肉), Fisch (魚), Pizza (ピザ), Wurst (ソーセージ)
> **lesen**:　 Zeitung (新聞), Comics (マンガ), Krimis (推理小説), Zeitschriften (雑誌)
> **hören**:　 Popmusik (ポップス), klassische Musik (クラシック), Rockmusik (ロック), Jazz (ジャズ)

	trinken	essen	lesen	hören
Thomas	**Bier**			
Martin	Tee	Wurst	Zeitung	Rockmusik
Maria				
Anna	Kaffee	Pizza	Krimis	klassische Musik
ich				
Partner/-in				

6 (　　) 内を参考に、必要な語を補ってドイツ語で書きましょう。　🔊025

(1) その男子学生はとても上手にドイツ語を話します。
　　(Student 圐 / sehr gut / sprechen)

_____

(2) その子どもは一冊の絵本を読んでいます。
　　(Kind 圉 / Bilderbuch 圉 / lesen)

_____

(3) その列車はベルリンに行きます。
　　(Zug 圐 / nach Berlin / fahren)

_____

(4) 君はサッカーの試合を見るのは好き？
　　(gern / Fußballspiele [無冠詞] / sehen)

_____

(5) ゆっくり話してください。
　　(langsam / Sie / bitte)

_____

人称代名詞・ja, nein, doch の用法

1. 人称代名詞

	私	君	彼	彼女	それ	私たち	君たち	彼(女)ら・それら	あなた(たち)
1格(〜は)	ich	du	er	sie	es	wir	ihr	sie	Sie
3格(〜に)	mir	dir	ihm	ihr	ihm	uns	euch	ihnen	Ihnen
4格(〜を)	mich	dich	ihn	sie	es	uns	euch	sie	Sie

✦ 所有を表すには所有冠詞(第5課)を用いるので、2格はほとんど用いられません。

Ich danke **Ihnen**.	私はあなたに感謝しています。
Sie liebt **dich**.	彼女は君を愛しています。
Ich schenke **dir** ein Buch.	私は君に本をプレゼントします。
Das Auto gehört **mir**.	その車は私のものです。(その車は私に属します)

人称代名詞は「人」だけではなく「物・事」にも用いられます。

Ist der Computer kaputt?	そのパソコンは壊れていますか？
— Ja, **er** ist kaputt.	—— はい、それは壊れています。

erは男性名詞Computerを受けています。

2. ja, nein, doch の用法

通常の疑問文：ja (はい), nein (いいえ)

Sind Sie müde?	疲れていますか？
— **Ja**, ich bin müde.	—— はい、疲れています。
— **Nein**, ich bin nicht müde.	—— いいえ、疲れていません。

否定疑問文：nein (はい), doch (いいえ)

Sind Sie nicht müde?	疲れていませんか？
— **Nein**, ich bin nicht müde.	—— はい、疲れていません。
— **Doch**, ich bin müde.	—— いいえ、疲れています。

1 下線部に適切な人称代名詞を入れましょう。 🔊 027

(**1**) Wir danken _____.　　　　　　　私たちは彼に感謝しています。

(**2**) Ich liebe _____.　　　　　　　　私は君たちを愛しています。

(**3**) Der Kugelschreiber gehört _____.　そのボールペンは彼女のものです。

(**4**) Kennst du _____?　　　　　　　君は彼を知っているの？

(**5**) Sie schenkt _____ eine Uhr.　　彼女は私に時計をプレゼントします。

(**6**) Er besucht _____ oft.　　　　　彼は私たちをよく訪ねてきます。

4

2 下線部に ja, nein, doch を入れましょう。 🔊 028

(**1**) a : Spielst du heute Gitarre?　　　　　　　君は今日ギターを弾くの？

　　 b : _____ , ich spiele heute Gitarre.　はい、今日ギターを弾きます。

(**2**) a : Spielst du nicht heute Gitarre?　　　　君は今日ギターを弾かないの？

　　 b : _____ , ich spiele heute Gitarre.　いいえ、今日ギターを弾きます。

(**3**) a : Kommt die Studentin nicht aus Nagoya?　その女子学生は名古屋出身ではないのですね？

　　 b : _____ , sie kommt nicht aus Nagoya.　はい、名古屋出身ではありません。

3 例にならって下線部に人称代名詞を入れましょう。 🔊 029

例　a: Kennen Sie den Mann 男?　　　　あなたはその男の人を知っていますか？

　　b: Ja, ich kenne ___*ihn*___ .　　　　はい、私は彼のことを知っています。

(1) a: Kennst du die Frau 女?　　　　　君はその女性を知っていますか？

　　b: Ja, ich kenne _____ .　　はい、私は彼女のことを知っています。

(2) a: Kaufst du das Buch 中?　　　　　君はその本を買うの？

　　b: Ja, ich kaufe _____ .　　はい、それを買います。

(3) a: Wem gehört das Auto 中?　　　　その車は誰のものですか？

　　b: _____ gehört mir.　　　　それは私のものです。

> wem 誰に
> (wer の 3 格)

(4) a: Wie finden Sie den Rock 男?　　　あなたはそのスカートをどう思いますか？

　　b: Ich finde_____ sehr schön.　私はそれをとてもきれいだと思います。

(5) a: Wie findest du die Jacke 女?　　　君はその上着をどう思いますか？

　　b: Ich finde_____ nicht so gut.　私はそれをそんなによくないと思います。

(6) a: Wie findest du das Hemd 中?　　　君はそのシャツをどう思いますか？

　　b: Ich finde_____ cool.　　　私はそれをかっこいいと思います。

4

イラストの衣類をあなたはどう思いますか。またパートナーはそれらをどう思っているのでしょうか。お互いに尋ねましょう。　　　内の語の発音を確認してから始めましょう。

例　Wie findest du _____ ?　　　　　具体例： Wie findest du den Rock?
　　— Ich finde **ihn/sie/es** (　　　　　　).　　　　— Ich finde **ihn** (schön).

schön (美しい、きれいな), gut (よい), cool (かっこいい), nicht schlecht (悪くない),
elegant (エレガントな), modisch (流行の、はやりの), altmodisch (時代遅れの), hässlich (ひどい)

	den Rock 男	das T-Shirt 中	die Lederjacke 女	die Lederhose 女
ich				
Partner/-in				

	das Polohemd 中	den Anzug 男	die Jacke 女	den Hut 男
ich				
Partner/-in				

5　以下の文を読んで質問に答えましょう。　　　　　　　　　　　

Das ist Michael. Er kommt aus Hamburg. Er studiert jetzt Japanologie an einer Universität in Tokio. Er findet die Universität sehr gut. Die Freunde sind freundlich. Sie helfen ihm oft. Er ist auch bei einem Tennisklub der Universität. Im Tennisklub spielt er oft gegen eine Studentin. Yuka heißt sie. Er findet sie sehr attraktiv.

(1)　Was studiert Michael?

_____

(2)　Wie findet er die Universität?

_____

(3)　Wie findet er Yuka?

_____

an　～で
helfen　～に手助けする（3格をとる）
bei　～に所属して
gegen　～を相手に

26

B イラストの衣類をあなたはどう思いますか。またパートナーはそれらをどう思っているのでしょうか。お互いに尋ねましょう。▨▨▨内の語の発音を確認してから始めましょう。

例　Wie findest du ＿＿＿＿＿＿＿＿？　　　具体例： Wie findest du den Rock?
　　— Ich finde **ihn/sie/es** (　　　　　　　).　　　— Ich finde **ihn** (schön).

schön（美しい、きれいな）, gut（よい）, cool（かっこいい）, nicht schlecht（悪くない）,
elegant（エレガントな）, modisch（流行の、はやりの）, altmodisch（時代遅れの）, hässlich（ひどい）

	den Rock 男	das T-Shirt 中	die Lederjacke 女	die Lederhose 女
ich				
Partner/-in				

	das Polohemd 中	den Anzug 男	die Jacke 女	den Hut 男
ich				
Partner/-in				

（　　）内を参考に、必要な語を補ってドイツ語で書きましょう。

(1) そのカバンは誰のものですか？ ── それ（そのカバン）は私のものです。
（Tasche 女 / wem / gehören）

_____

(2) 君はその本をどう思う？ ── 私はそれをとても面白いと思うよ。
（wie / Buch 中 / finden / sehr interessant）

_____

(3) 私たちは君に感謝しています。
（danken）

_____

(4) 私は彼に（一本の）ネクタイを買います。
（Krawatte 女 / kaufen）

_____

(5) 彼は来ませんね？ ── はい、彼は来ません。
（kommen / nicht）

_____

定冠詞類・不定冠詞類

1. 定冠詞類

定冠詞と似た変化をするので定冠詞類と呼ばれています。中性1格・4格が定冠詞とは異なります。

dies- この〜　　jed- 各々の〜　　welch- どの〜？　　など

	男性	女性	中性	複数
1格（〜は）	dieser ─	diese ─	dieses ─	diese ─
2格（〜の）	dieses ─ (e)s	dieser ─	dieses ─ (e)s	dieser ─
3格（〜に）	diesem ─	dieser ─	diesem ─	diesen ─ n
4格（〜を）	diesen ─	diese ─	dieses ─	diese ─

Welche Uhr kaufst du? — Ich kaufe **diese Uhr**.　　どの時計を買うの？ ── この時計を買います。

✦ ［welch- ＋名詞］で一つの疑問詞と考えます。

Jeden Morgen trinke ich Kaffee.　　毎朝私はコーヒーを飲みます。

✦ 名詞の4格は副詞的に用いられることがあります。

2. 不定冠詞類

不定冠詞と同じ変化をするので不定冠詞類と呼ばれています。不定冠詞類には所有冠詞と否定冠詞があります。

所有冠詞

mein-	私の〜	unser-	私たちの〜
dein-	君の〜	euer-	君たちの〜
sein-	彼の〜	ihr-	彼［女］らの〜
ihr-	彼女の〜	Ihr-	あなた［たち］の〜
sein-	それの〜		

否定冠詞（英：no）

kein- ひとつも〜ない

> 否定冠詞は不定冠詞付きの名詞、または無冠詞の名詞を否定する場合に用いられます。

	男性	女性	中性	複数
1格（〜は）	mein△ ─	meine ─	mein△ ─	meine ─
2格（〜の）	meines ─ (e)s	meiner ─	meines ─ (e)s	meiner ─
3格（〜に）	meinem ─	meiner ─	meinem ─	meinen ─ n
4格（〜を）	meinen ─	meine ─	mein△ ─	meine ─

(1格) **Meine Schwester** ist Lehrerin.　　私の姉は教師です。

(2格) Das Auto **meines Vaters** ist neu.　　私の父の車は新しい。

(3格) Er kauft **seinem Bruder** ein Buch.　　彼は彼の弟に本を買います。

(4格) Thomas schenkt seinem Sohn **seine Uhr**.　　トーマスは彼の息子に彼の時計を贈ります。

Hast du heute Zeit?　　今日時間ある？

— Nein, leider habe ich heute **keine Zeit**.　　── 残念だけど、今日は時間がないんだ。

1 下線部に適切な定冠詞類の語尾を入れましょう。 🔊 033

(1) a: Welch＿＿＿ Computer男 kaufst du?　　　　　　君はどのパソコンを買うの？

　　 b: Ich kaufe dies＿＿＿ Computer.　　　　　　　私はこのパソコンを買います。

(2) a: Welch＿＿＿ Buch中 kaufen Sie?　　　　　　　あなたはどの本を買うのですか？

　　 b: Ich kaufe dies＿＿＿ Buch.　　　　　　　　　私はこの本を買います。

(3) a: Welch＿＿＿ Musik女 hörst du gern?　　　　　君はどんな音楽を聴くのが好きなの？

　　 b: Ich höre gern Rockmusik.　　　　　　　　　私はロックを聴くのが好きです。

(4) a: Welch＿＿＿ Zug男 fährt nach Berlin?　　　　どの列車がベルリンへ行くのですか？

　　 b: Dies＿＿＿ Zug fährt nach Berlin.　　　　　この列車がベルリンへ行きます。

(5) a: Welch＿＿＿ Filme複 siehst du gern?　　　　　君はどんな映画を見るのが好きなの？

　　 b: Ich sehe gern Actionfilme.　　　　　　　　私はアクション映画を見るのが好きです。

2 下線部に適切な所有冠詞の語尾を入れましょう。（必要ないときは×） 🔊 034

(1) Mein＿＿＿ Vater男 ist Angestellter.　　　　　私の父はサラリーマンです。

(2) Mein＿＿＿ Mutter女 ist Lehrerin.　　　　　　私の母は教師です。

(3) Ihr＿＿＿ Haar中 ist sehr lang.　　　　　　　　彼女の髪はとても長い。

(4) Mein＿＿＿ Eltern複 hören gern klassische Musik. 私の両親はクラシック音楽が好きです。

(5) Wir besuchen heute unser＿＿＿ Professor男.　私たちは今日私たちの教授を訪問します。

(6) Er verkauft sein＿＿＿ Auto中 .　　　　　　　彼は彼の車を売ります。

(7) Das ist der Ring mein＿＿＿ Mutter女.　　　　これは私の母の指輪です。

(8) Ich schenke mein＿＿＿ Mutter女 eine Tasche.　私は私の母にカバンをプレゼントします。

3 下線部に適切な否定冠詞の語尾を入れましょう。（必要ないときは×） 🔊 035

(1) a: Hast du ein Auto?　　　　　　　　　　　　君は車を持っているの？

　　 b: Nein, ich habe kein＿＿＿ Auto中.　　　　いいえ、持っていません。

(2) a: Haben Sie eine Idee?　　　　　　　　　　　あなたはアイデアがありますか？

　　 b: Nein, ich habe leider kein＿＿＿ Idee女.　いいえ、残念ながらアイデアはありません。

(3) a: Hast du Hunger?　　　　　　　　　　　　　君はお腹すいているの？

　　 b: Nein, ich habe kein＿＿＿ Hunger男.　　　いいえ、すいていません。

(4) a: Hast du Geschwister?　　　　　　　　　　　君は兄弟（姉妹）はいるの？

　　 b: Nein, ich habe kein＿＿＿ Geschwister複.　いいえ、兄弟（姉妹）はいません。

4

パートナーと協力して、友人たちの「好きな音楽」や「好きな映画」を空欄に入れていきましょう。空欄に入れる語は　　内から選んでください。例文と　　内の語の発音を確認してから始めましょう。

例 Welche Musik hört Thomas gern?　— Thomas hört gern (Popmusik).
　　Welche Filme sieht Thomas gern?　— Thomas sieht gern (　　　).
　　[Welche Musik hörst du gern?　　— Ich höre gern …]
　　[Welche Filme siehst du gern?　　— Ich sehe gern …]

Musik: Popmusik (ポップス), Rockmusik (ロック), klassische Musik (クラシック),
　　　　K-Pop (Kポップ), Jazz (ジャズ), J-Pop (Jポップ)
Filme: Fantasyfilme (ファンタジー映画), Actionfilme (アクション映画), Horrorfilme (ホラー映画),
　　　　Liebesfilme (恋愛映画), Science-Fiction-Filme (SF映画), Kriminalfilme (サスペンス映画)

	Musik	Filme
Thomas	**Popmusik**	
Martin	Rockmusik	Actionfilme
Stefan		
Maria	Jazz	Liebesfilme

	Musik	Filme
Anna		
Monika	J-Pop	Fantasyfilme
ich		
Partner/-in		

5　　トーマスが家族の紹介をしています。以下の文を読んで質問に答えましょう。

Das ist ein Foto meiner Familie. Das hier ist mein Vater. Er ist Lehrer und sehr streng. Er trägt immer eine Mütze. Daneben steht meine Mutter. Sie ist Designerin  und trägt immer modische Kleidung. Ich habe einen Bruder. Er heißt Michael. Er ist sehr sportlich. Er macht besonders gern Marathon. Jedes Wochenende läuft er für das Training.

(1) Was macht sein Vater beruflich?

_____

(2) Was macht seine Mutter beruflich?

_____

(3) Hat Thomas eine Schwester?

_____

streng　厳しい
trägt < tragen　身に付けている
Mütze　ふちなし帽子
daneben　そのとなりに
modische Kleidung　モダンな服を
besonders　特に
läuft < laufen　走る
für　〜のために (第6課参照)
beruflich　職業上

30

B パートナーと協力して、友人たちの「好きな音楽」や「好きな映画」を空欄に入れていきましょう。空欄に入れる語は　　内から選んでください。例文と　　内の語の発音を確認してから始めましょう。

例 Welche Musik hört Thomas gern?　— Thomas hört gern (Popmusik).
　 Welche Filme sieht Thomas gern?　— Thomas sieht gern (　　　).
　 [Welche Musik hörst du gern?　　— Ich höre gern ...]
　 [Welche Filme siehst du gern?　　— Ich sehe gern ...]

> **Musik**: Popmusik (ポップス), Rockmusik (ロック), klassische Musik (クラシック),
> 　　　　K-Pop (Kポップ), Jazz (ジャズ), J-Pop (Jポップ)
> **Filme**: Fantasyfilme (ファンタジー映画), Actionfilme (アクション映画), Horrorfilme (ホラー映画),
> 　　　　Liebesfilme (恋愛映画), Science-Fiction-Filme (SF映画), Kriminalfilme (サスペンス映画)

5

	Musik	Filme
Thomas	**Popmusik**	Horrorfilme
Martin		
Stefan	K-Pop	Kriminalfilme
Maria		

	Musik	Filme
Anna	klassische Musik	Science-Fiction-Filme
Monika		
ich		
Partner/-in		

6 (　　)内を参考に、必要な語を補ってドイツ語で書きましょう。　　

(1) この雑誌は面白い。
　 (Zeitschrift 囡 / interessant)

_____

(2) 君はどの車を買うの？ —— 私はこの車を買います。
　 (Auto 围 / kaufen)

_____

(3) 君はどのスポーツをするのが好きなの？
　 (Sport 男 / machen / gern)

_____

(4) 私の父は毎日写真を撮ります。
　 (Vater 男 / fotografieren / Tag 男)

_____

(5) 私は私の父にカメラを一台プレゼントします。
　 (Kamera 囡 / schenken)

_____

前置詞

1. 前置詞の格支配

前置詞は特定の格の名詞や代名詞と結びつきます。これを前置詞の格支配と言います。

（1）2格支配の前置詞

> **statt** 〜の代わりに　**trotz** 〜にもかかわらず　**während** 〜の間（期間）　**wegen** 〜のために（原因・理由）

> **Statt** eines Briefes schreibt er eine E-Mail.　手紙の代わりに彼はメールを書きます。

（2）3格支配の前置詞

> **aus** 〜（の中）から　　**bei** 〜のところに、〜の際に　　**mit** 〜と一緒に、〜で（手段）　　**nach** 〜の後で、〜へ
>
> **seit** 〜以来　　　　　　**von** 〜の、〜から　　　　　　**zu** 〜（のところ）へ

> Ich fahre **mit** dem Zug **nach** Nagoya.　私は電車で名古屋へ行きます。
>
> Er kommt morgen **zu** uns.　彼は明日私たちのところへ来ます。

（3）4格支配の前置詞

> **durch** 〜を通って　　　　**für** 〜のために　　**gegen** 〜に対して、〜時頃に　　**ohne** 〜なしに
>
> **um** 〜の周りに、〜時に

> Ein Hund kommt **durch** den Park.　一匹の犬が公園を通ってやって来ます。
>
> Er arbeitet **für** seine Familie.　彼は彼の家族のために働いています。

（4）3格・4格支配の前置詞（9種類のみ）

> **an** 〜に接して　　**auf** 〜の上　　**hinter** 〜の後ろ　　**in** 〜の中　　**neben** 〜の隣
>
> **über** 〜の上方　　**unter** 〜の下　　**vor** 〜の前　　**zwischen** 〜の間

一定の場所や状態を示すときは3格を、運動の方向を示すときは4格を用います。

> Wo ist Monika?　— Sie ist **in** der Stadt.　モニカはどこにいますか？ ── 彼女は街の中にいます。
>
> Wohin geht sie?　— Sie geht **in** die Stadt.　彼女はどこへ行きますか？ ── 彼女は街の中へ行きます。

2. 前置詞と定冠詞の融合形

前置詞の中には定冠詞と融合した形をとるものがあります。名詞が示すものを強調する必要がないときに用います。

> an das → **ans**　　　an dem → **am**　　　bei dem → **beim**　　　in das → **ins**
>
> in dem → **im**　　　von dem → **vom**　　　zu dem → **zum**　　　zu der → **zur**

> Heute Nachmittag gehen wir **ins** Kino.　今日の午後、私たちは映画館へ行きます。
>
> Herzlichen Glückwunsch **zum** Geburtstag!　誕生日おめでとう！

1 🔊 039

___に前置詞を、（　）に定冠詞を入れましょう。

(1) _____ (　) Erkältung 囡 kommt sie heute nicht.　風邪のため彼女は今日来ません。

(2) Ich komme _____ (　) Bus 男.　私はバスで行きます。

(3) Nehmen Sie diese Tabletten _____ (　) Essen 中.　食後にこの錠剤を飲んでください。

(4) Rotkäppchen geht _____ (　) Wald 男.　赤ずきんちゃんは森を通って行きます。

(5) Ich arbeite _____ (　) Prüfung 囡.　私は試験のために勉強します。

2 🔊 040

3・4格支配の前置詞に注意して___に前置詞を、（　）に定冠詞を入れましょう。
___には前置詞と定冠詞の融合形を入れましょう。

(1) Die Katze schläft _____ (　) Sofa 中.　その猫はソファーの下で眠っています。

(2) Die Katze geht _____ (　) Sofa.　その猫はソファーの下へ行きます。

(3) Das Buch liegt _____ (　) Tisch 男.　その本は机の上にあります。

(4) Ich lege das Buch _____ (　) Tisch.　私はその本を机の上に置きます。

(5) _____ (an+dem) Sonntag 男 spielen wir Fußball.　日曜日に私たちはサッカーをします。

(6) Monika sieht _____ (in+dem) Kino 中 einen Film.　モニカは映画館で映画を見ます。

(7) Monika geht _____ (in+das) Kino.　モニカは映画館へ行きます。

3 🔊 041

例にならって文を作りましょう。動詞は不定詞、名詞は1格になっているので正しい形にしてください。

例　der Bahnhof / vor / die Apotheke / sein / .　駅は薬局の前にあります。

　Der Bahnhof ist vor der Apotheke.

(1) die Post / das Krankenhaus / vor / sein / .　郵便局は病院の前にあります。

(2) der Park / das Hotel / neben / sein / .　公園はホテルの隣にあります。

(3) die Kirche / die Schule / und / das Theater / zwischen / sein / .
　教会は学校と劇場の間にあります。

(4) das Restaurant / der Supermarkt / hinter / sein / .
　レストランはスーパーの後ろにあります。

(5) der Brunnen / der Park / in / sein / .　噴水は公園の中にあります。

6

4

下線の付いている施設の場所をパートナーに尋ね、街の地図を完成させましょう。例文
と　　　内の語の発音を確認してから始めましょう。

例 Wo ist der Bahnhof?　　　　　　　　　　駅はどこですか？
　　—— Der Bahnhof ist vor der Apotheke.　駅は薬局の前にあります。

男：Bahnhof (駅), Parkplatz (駐車場), Supermarkt (スーパーマーケット), Brunnen (噴水), Park (公園),
　　　Waschsalon (コインランドリー)
女：Apotheke (薬局), Polizei (警察), Kirche (教会), Schule (学校), Bank (銀行), Post (郵便局),
　　　Universität (大学), Bäckerei (パン屋), Kneipe (居酒屋)
中：Kino (映画館), Theater (劇場), Hotel (ホテル), Restaurant (レストラン),
　　　Krankenhaus (病院), Café (喫茶店)

> neben, in,
> zwischen も
> 使ってみよう。

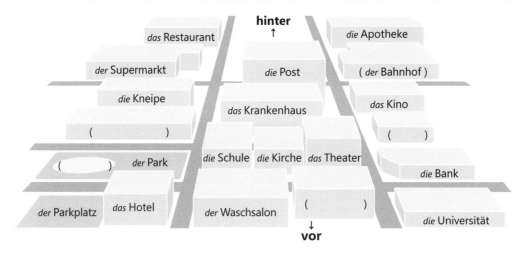

hinter
↑

das Restaurant　　　　　　　　　　　　　*die* Apotheke

der Supermarkt　　　*die* Post　　　　(*der* Bahnhof)

die Kneipe　　　　　　　　　　　　　　　*das* Kino

das Krankenhaus

(　　　　　)

(　　　　)　*der* Park　*die* Schule　*die* Kirche　*das* Theater

　　　　　　　　　　　　　　　　　　　　　die Bank

der Parkplatz　*das* Hotel　*der* Waschsalon　(　　　　)

　　　　　　　　　　　　　　　　　　　　die Universität

↓
vor

5

グリム童話のあるお話のパロディーです。以下の文を読んで質問に答えましょう。

Die sieben Katzen rufen: »Zeig uns deine Pfote.« Da legt der
Wolf die Pfote ins Fenster und sagt: »Öffnet die Tür«. Dann
öffnen die Katzen die Tür. Vor der Tür steht nicht die Mutter,
sondern ein Wolf. Die Katzen haben Angst und verlassen den
Ort. Martin springt unter den Tisch, Stefan ins Bett, Thomas
in den Ofen, Anna in die Küche, Monika in den Schrank, Maria
unter die Waschschüssel, Daniel in den Kasten der Wanduhr.

正しいものには○を、間違っているものには×を付け
ましょう。

(1) Vor der Tür steht nicht die Mutter, sondern
　　ein Hund.

(2) Martin springt ins Bett.

(3) Daniel springt in den Kasten der Wanduhr.

> Pfote　前足
> nicht A, sondern B　AではなくB
> verlassen　離れる
> Ofen　暖炉
> Waschschüssel　洗濯桶
> Kasten der Wanduhr　壁掛け時計の箱

B 下線の付いている施設の場所をパートナーに尋ね、街の地図を完成させましょう。例文と ▨ 内の語の発音を確認してから始めましょう。

例 Wo ist der Bahnhof?　　　　　　　　　駅はどこですか？
　── Der Bahnhof ist vor der Apotheke.　駅は薬局の前にあります。

男 : Bahnhof (駅), Parkplatz (駐車場), Supermarkt (スーパーマーケット), Brunnen (噴水), Park (公園),
　　 Waschsalon (コインランドリー)
女 : Apotheke (薬局), Polizei (警察), Kirche (教会), Schule (学校), Bank (銀行), Post (郵便局),
　　 Universität (大学), Bäckerei (パン屋), Kneipe (居酒屋)
中 : Kino (映画館), Theater (劇場), Hotel (ホテル), Restaurant (レストラン),
　　 Krankenhaus (病院), Café (喫茶店)

neben, in,
zwischenも
使ってみよう。

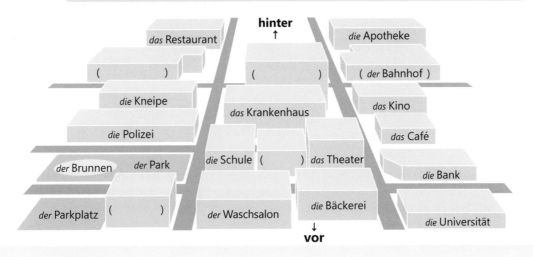

6

6 (　　) 内を参考に、必要な語を補ってドイツ語で書きましょう。

(1) 私は電車で大学へ行きます。
　　(Zug男 [定冠詞] / mit / fahren / Universität女 [定冠詞] / zu)

(2) 彼女は (彼女の) 祖母のところで暮らしています。
　　(Großmutter女 [所有冠詞] / bei / wohnen)

(3) 私は授業の後、コンサートに行きます。
　　(Unterricht男 [定冠詞] / nach / Konzert中 [定冠詞] / in / gehen)

(4) 私はその時計を壁にかけます。
　　(Uhr女 [定冠詞] / Wand女 [定冠詞] / an / hängen)

hängen　掛かる・掛ける

(5) その時計は壁にかかっています。

時刻表現

Wie spät ist es jetzt?
今、何時ですか？
Wie viel Uhr ist es jetzt?

公式表現　24時間制		
Es ist vierzehn Uhr.	14時です。
Es ist vierzehn Uhr zehn.	14時10分です。
会話表現　12時間制		
Es ist zwei.	2時です。
Es ist zehn nach zwei.	2時10分です。

	公式表現 (24時間制)	会話表現 (12時間制)
14.00	Es ist vierzehn Uhr.	Es ist zwei (Uhr).
14.05	Es ist vierzehn Uhr fünf.	Es ist fünf nach zwei.
14.10	Es ist vierzehn Uhr zehn.	Es ist zehn nach zwei.
14.15	Es ist vierzehn Uhr fünfzehn.	Es ist Viertel nach zwei.
14.20	Es ist vierzehn Uhr zwanzig.	Es ist zwanzig nach zwei. Es ist zehn vor halb drei.
14.25	Es ist vierzehn Uhr fünfundzwanzig.	Es ist fünf vor halb drei.
14.30	Es ist vierzehn Uhr dreißig.	Es ist halb drei.
14.35	Es ist vierzehn Uhr fünfunddreißig.	Es ist fünf nach halb drei.
14.40	Es ist vierzehn Uhr vierzig.	Es ist zwanzig vor drei. Es ist zehn nach halb drei.
14.45	Es ist vierzehn Uhr fünfundvierzig.	Es ist Viertel vor drei.
14.50	Es ist vierzehn Uhr fünfzig.	Es ist zehn vor drei.
14.55	Es ist vierzehn Uhr fünfundfünfzig.	Es ist fünf vor drei.

Übungen

以下の時刻を公式表現と会話表現の二つで発音しましょう。

(1) 15.30　　(2) 17.15　　(3) 19.55　　(4) 20.40　　(5) 22.20　　(6) 23.45

曜日・月・季節・数詞を含む表現

① 曜日（前置詞とともに）

am Montag	月曜日に
am Dienstag	火曜日に
am Mittwoch	水曜日に
am Donnerstag	木曜日に
am Freitag	金曜日に
am Samstag	土曜日に
am Sonntag	日曜日に

② 月（前置詞とともに）

im Januar	1月に
im Februar	2月に
im März	3月に
im April	4月に
im Mai	5月に
im Juni	6月に
im Juli	7月に
im August	8月に
im September	9月に
im Oktober	10月に
im November	11月に
im Dezember	12月に

③ 季節（前置詞とともに）

im Frühling	春に
im Sommer	夏に
im Herbst	秋に
im Winter	冬に

④ 年

1991年	neunzehnhunderteinundneunzig
2023年	zweitausenddreiundzwanzig

〈数詞の場合〉

1991	eintausendneunhunderteinundneunzig
18世紀	das 18. Jahrhundert （※achtzehnte）
18世紀に	im 18. Jahrhundert （※achtzehnten）

※序数については第11課を参照してください。

⑤ 日付

Der Wievielte ist heute?	今日は何日ですか？
Heute ist der 8. April.	今日は4月8日です。 （※achte 第11課参照）

⑥ 値段を尋ねる

Wie viel kostet das?	これはいくらですか？
Das kostet 10 Euro.	これは10ユーロです。
Was kostet der Hut?	この帽子はいくらですか？
Er kostet 35,10 Euro.	この帽子は35ユーロ10セントです。 （読み方は fünfunddreißig Euro zehn）

分離動詞

1. 分離動詞

前つづりが分離する動詞のことを分離動詞と呼びます。

auf|stehen　起きる

前つづり｜基礎動詞
アクセントを持ち、文末へ移動｜主語に応じて変化

Ich **stehe** um 7 Uhr **auf**.　　私は7時に起きます。

ich	stehe	… auf
du	stehst	… auf
er/sie/es	steht	… auf
wir	stehen	… auf
ihr	steht	… auf
sie/Sie	stehen	… auf

前つづりの種類

ab-, an-, auf-, aus-, ein-, mit-, teil-, vor- など、すべてアクセントを持ちます。

ab|fahren　出発する	an|kommen　到着する	auf|machen　開ける
aus|sehen　〜のように見える	ein|kaufen　買い物をする	mit|bringen　持って来る
teil|nehmen　参加する	vor|haben　予定する	

2. 分離動詞を用いた文の作り方

①平叙文　　　　　　　 主語 ＋ 基礎動詞（2番目） …… 前つづり .

Ich **stehe** jeden Tag um 6 Uhr **auf**.　　私は毎日6時に起きます。

（もしくは テーマとしたい事項 ＋ 基礎動詞（2番目） ＋ 主語 …… 前つづり .）

Jeden Tag **stehe** ich um 6 Uhr **auf**.　　毎日私は6時に起きます。

②ja, nein を問う疑問文　 基礎動詞 ＋ 主語 …… 前つづり ？

Stehst du jeden Tag um 6 Uhr **auf**?　　君は毎日6時に起きるの？

③疑問詞を用いた疑問文　 疑問詞 ＋ 基礎動詞 ＋ 主語 …… 前つづり ？

Wann **steht** er **auf**?　　　　彼はいつ起きるの？

3. 分離動詞と助動詞

助動詞（第8課）が文中にある場合、分離動詞は分離せず、不定詞のまま文末に置きます。

Ich **muss** morgen um 5 Uhr **aufstehen**.　私は明日5時に起きなければなりません。

4. 非分離動詞

be-, emp-, ent-, er-, ge-, ver-, zer- などで始まる動詞は分離しません。前つづりはアクセントを持ちません。

Er **bekommt** einen Brief.　　　　彼は一通の手紙を受け取ります。

Ich **empfehle** dir diesen Film.　　私は君にこの映画を（見ることを）勧めます。

1 空欄に動詞の変化形を入れましょう。

	ab|fahren （出発する）	zurück|kommen （戻って来る）	ein|schlafen （眠り込む）	vor|haben （予定する）
ich	fahre … ab		schlafe … ein	
du				
er/sie/es				
wir				
ihr				
sie/Sie		kommen … zurück		haben … vor

2 下線部に（　）内の分離動詞を適切な形にして入れましょう。 🔊048

(1) a: Wann ＿＿＿＿＿ dieser Zug nach Berlin ＿＿＿ ?（ab\|fahren）

この列車はいつベルリンへ出発しますか？

b: Er ＿＿＿＿＿ um 8 Uhr ＿＿＿ . 　　8時に出発します。

(2) a: ＿＿＿＿＿ du am Wochenende schon etwas ＿＿＿ ?（vor\|haben）

週末、もう何か予定があるの？

b: Nein, noch nicht. Und du? 　　いいえ、まだだよ。君は？

a: Ich fahre mit Freunden nach Kyoto. 　　私は友達と京都へ行きます。

＿＿＿＿＿ du auch ＿＿＿ ?（mit\|kommen）　　君も一緒に来る？

b: Ja, gern! Prima! 　　うん、喜んで！ いいね！

3 次の語を並べ替え、動詞を適切な形にして文を作りましょう。 🔊049

(1) wann / auf\|stehen / Thomas / ? 　　トーマスはいつ起きますか？

＿＿＿＿＿＿＿＿＿＿＿＿＿＿＿＿＿＿

(2) Um 7 Uhr / er / auf\|stehen / . 　　7時に彼は起きます。

Um ＿＿＿＿＿＿＿＿＿＿＿＿＿＿＿

(3) wann / Maria / nach Hause / zurück\|kommen / ? 　　マリアはいつ帰宅しますか？

＿＿＿＿＿＿＿＿＿＿＿＿＿＿＿＿＿＿

(4) Um halb 7 / sie / nach Hause / zurück\|kommen / . 　　6時半に彼女は帰宅します。

Um ＿＿＿＿＿＿＿＿＿＿＿＿＿＿＿

(5) wann / Anna / ein\|schlafen / ? 　　アンナはいつ就寝しますか？

＿＿＿＿＿＿＿＿＿＿＿＿＿＿＿＿＿＿

(6) Um halb 12 / sie / ein\|schlafen / . 　　11時半に彼女は就寝します。

Um ＿＿＿＿＿＿＿＿＿＿＿＿＿＿＿

4

パートナーと協力して、友人たちの「一日の予定表」を完成させましょう。例文の発音を確認してから始めましょう。

例 Wann **steht** Thomas **auf**? — Um (9.00 [neun]).
Wann **kommt** Thomas nach Hause **zurück**?
Wann **schläft** Thomas **ein**?

[Wann stehst du auf? / Wann kommst du nach Hause zurück? /
Wann schläfst du ein?]

	Thomas	Maria	Anna	Martin	ich	Partner/-in
auf|stehen	9.00 (neun)		6.00 (sechs)			
nach Hause zurück|kommen	8.15 (Viertel nach acht)		6.30 (halb sieben)			
ein|schlafen	1.30 (halb zwei)		10.45 (Viertel vor elf)			

5

以下の電話での会話を読んで質問に答えましょう。

Maria : Hallo?

Peter : Hallo Maria. Hier ist Peter. Sag mal, hast du am Samstag schon etwas vor?

Maria : Am Samstag ... Nein, ich habe noch nichts vor. Warum?

Peter : Wir machen einen Ausflug nach Hamburg. Kommst du mit?

Maria : Oh, das klingt nicht schlecht. Wer kommt noch mit?

Peter : Martin, Stefan, Anna und Kenta kommen mit.

Maria : Ja, ich komme gerne. Sehr schön.

Peter : Unser Zug fährt morgens um halb zehn von Bremen ab.

Maria : Okay! Und wann fahren wir wieder nach Bremen zurück?

Peter : Warte mal ... abends gegen acht.

Maria : Alles klar. Also, bis Samstag.

Peter : Gut. Bis dann. Tschüs!

(1) Was hat Peter am Wochenende vor?

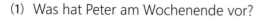

Sag mal	あのさ
gegen	頃

(2) Wann fährt der Zug von Bremen ab?

B

パートナーと協力して、友人たちの「一日の予定表」を完成させましょう。例文の発音を確認してから始めましょう。

例 Wann **steht** Thomas **auf**? — Um (9.00 [neun]).
Wann **kommt** Thomas nach Hause **zurück**?
Wann **schläft** Thomas **ein**?

[Wann stehst du auf? / Wann kommst du nach Hause zurück? /
 Wann schläfst du ein?]

	Thomas	Maria	Anna	Martin	ich	Partner/-in
auf|stehen	9.00 (neun)	7.30 (halb acht)		5.15 (Viertel nach fünf)		
nach Hause zurück|kommen		7.00 (sieben)		6.50 (zehn vor sieben)		
ein|schlafen		10.30 (halb elf)		9.30 (halb zehn)		

7

6 （　　）内を参考に、必要な語を補ってドイツ語で書きましょう。

(1) そのバスは時間通りに出発します。
（Bus男 / ab\|fahren / pünktlich）

_____

(2) 私は（私の）母を駅へ迎えに行きます。
（Mutter女 [所有冠詞] / vom Bahnhof / ab\|holen）

_____

(3) 僕は今晩（僕の）ガールフレンドと外出します。
（heute Abend / mit / Freundin女 [所有冠詞] / aus\|gehen）

_____

(4) 彼は11時に帰宅します。
（nach Hause / zurück\|kommen / um 11 Uhr）

_____

(5) 君たちは日曜日にすでに何か予定がありますか？
（am Sonntag / schon / etwas / vor\|haben）

_____

話法の助動詞・未来形

1. 話法の助動詞

英語とは異なり、話法の助動詞は主語に合わせて変化します。

		können 〜できる	müssen 〜ねばならない	dürfen 〜してよい	wollen 〜つもりだ	mögen 〜かもしれない	sollen 〜すべきだ	möchten 〜したい
ich		**kann**	**muss**	**darf**	**will**	**mag**	**soll**	**möchte**
du	-st	**kannst**	**musst**	**darfst**	**willst**	**magst**	**sollst**	**möchtest**
er/sie/es		**kann**	**muss**	**darf**	**will**	**mag**	**soll**	**möchte**
wir	-en	können	müssen	dürfen	wollen	mögen	sollen	möchten
ihr	-t	könnt	müsst	dürft	wollt	mögt	sollt	möchtet
sie/Sie	-en	können	müssen	dürfen	wollen	mögen	sollen	möchten

2. 話法の助動詞を用いた文の作り方

können	能力、可能性、依頼、許可
müssen	義務、必然
dürfen	許可、（否定語とともに）禁止
wollen	意志、促し
mögen	推量
sollen	義務、相手の意思を尋ねる
möchten	願望

①平叙文

主語 ＋ 助動詞 …… 不定詞 ．
（枠構造）
文の2番目

Er **kann** sehr gut Klavier **spielen**.　彼はとても上手にピアノを弾くことができます。
主語に応じて変化　　　　　不定詞（原形）で文末

（もしくは テーマとしたい事項 ＋ 助動詞（2番目） ＋ 主語 …… 不定詞 ．）

Klavier **kann** er sehr gut **spielen**.　ピアノを彼はとても上手に弾くことができます。

②ja, nein を問う疑問文　　助動詞 ＋ 主語 …… 不定詞 ？

Kann er Klavier **spielen**?　　　　彼はピアノを弾くことができますか？

③疑問詞を用いた疑問文　疑問詞 ＋ 助動詞 ＋ 主語 …… 不定詞 ？

Was **willst** du heute **machen**?　　君は今日何をするつもりなの？

3. 未来形

「未来の助動詞 werden ＋ …不定詞」は、未来というより「意志」（1人称）や「推量」（3人称）を表します。
2人称の場合は「命令」の意味を持つこともあります。

ich	-e	werde
du		**wirst**
er/sie/es		**wird**
wir	-en	werden
ihr	-t	werdet
sie/Sie	-en	werden

Das **werde** ich nie **vergessen**!　　そのことを私は決して忘れないよ！

Er **wird** bald **kommen**.　　　　彼はまもなく来るでしょう。

Du **wirst** das jetzt **abschreiben**.　これを今書き写しなさい。

1 (　　)内の助動詞を適切な形にしましょう。　　　　🔊053

(1) Ich (　　　　　) gut schwimmen.　　　　　(können)
私は上手に泳ぐことができます。

(2) (　　　　　) ich das Fenster aufmachen?　　(sollen)
窓を開けましょうか？

(3) Man (　　　　) hier nicht rauchen.　　　(dürfen)　　man 漠然と「人」を
ここでタバコを吸ってはいけません。　　　　　　　　　　指します

(4) Was (　　　　) du am Wochenende machen?　(wollen)
君は週末に何をするつもりですか？

(5) Ich (　　　　) heute Abend ein Referat schreiben.　(müssen)
私は今晩レポートを書かなければなりません。

2 (　　)内に助動詞を入れましょう。　　　　🔊054

(1) Ich (　　　　　) ein bisschen Deutsch sprechen.　私は少しドイツ語を話すことができます。

(2) Er (　　　　) sein Geld selbst verdienen.　　彼はお金を自分で稼がなければならない。

(3) (　　　　) ich hier fotografieren?　　　　ここで写真を撮っていいですか？

(4) Er (　　　　) Lehrer werden.　　　　　彼は教師になるつもりだ。

8

3 例にならって (　　) 内の助動詞を用いて文を作りましょう。また、書き換えた文の意味を　🔊055
考えましょう。

例 Ich spreche Deutsch. (können)　　　　　私はドイツ語を話します。
　 Ich kann Deutsch sprechen.　　　　　私はドイツ語を話すことができます。

(1) Er reist nach Deutschland. (wollen)　　　彼はドイツへ旅行します。
　 _____

(2) Was macht Thomas heute Abend? (müssen)　トーマスは今晩何をしますか？
　 _____

(3) Thomas schreibt ein Referat. (müssen)　　トーマスはレポートを書きます。
　 _____

(4) Was macht Maria am Wochenende? (möchten)　マリアは週末に何をしますか？
　 _____

(5) Maria spielt Tennis. (möchten)　　　　　マリアはテニスをします。
　 _____

(6) Sie kommt sofort. (werden)　　　　　彼女はすぐに来ます。
　 _____

4

パートナーと協力して、友人たちが「今晩しなければならないこと」と「週末にしたいこと」を空欄に入れていきましょう。空欄に入れる語は 内から選んでください。例文と 内の語の発音を確認してから始めましょう。

例 Was **muss** Thomas heute Abend machen? —Thomas **muss** ein Referat schreiben.
Was **möchte** Thomas am Wochenende machen? — Thomas **möchte** ...

[Was **musst/möchtest** du ... machen? — Ich **muss/möchte** ...]

ein Referat schreiben （レポートを書く）	in einem Café jobben （喫茶店でアルバイトする）
Fußball spielen （サッカーをする）	Tennis spielen （テニスをする）
einkaufen gehen （買い物に行く）	ins Kino gehen （映画に行く）
zum Zahnarzt gehen （歯医者に行く）	in die Kneipe gehen （居酒屋に行く）
Lebensmittel kaufen （食料品を買う）	in die Disco gehen（ディスコに行く）
Deutsch lernen（ドイツ語を学ぶ）	Karaoke singen gehen （カラオケを歌いに行く）

	müssen (heute Abend)	möchten (am Wochenende)
Thomas	**ein Referat schreiben**	
Maria	Deutsch lernen	Tennis spielen
Martin		
Anna	Lebensmittel kaufen	Karaoke singen gehen
Stefan		
Monika	zum Zahnarzt gehen	ins Kino gehen
ich		
Partner/-in		

5

以下の父親（Thomas）と娘（Anna）の会話を読んで質問に答えましょう。

Thomas: Was möchtest du am Wochenende machen?

Anna: Ich möchte mit dir ins Disneyland gehen!

Thomas: Okay ... aber du hast immer am Wochenende viel Hausaufgaben. Oder?

Anna: Ja, aber ich kann sie am Sonntagabend machen!

Thomas: Nein, das darfst du nicht! Du musst sie unbedingt am Samstag machen. Dann kann ich dich am Sonntag ins Disneyland mitnehmen. Das Sprichwort sagt: „Erst die Arbeit, dann das Vergnügen."

---

(1) Möchte Anna ins Disneyland gehen?

_____

(2) Wann kann Anna mit ihrem Vater ins Disneyland gehen?

_____

B パートナーと協力して、友人たちが「今晩しなければならないこと」と「週末にしたいこと」を空欄に入れていきましょう。空欄に入れる語は　内から選んでください。例文と　内の語の発音を確認してから始めましょう。

例 Was **muss** Thomas heute Abend machen? —Thomas **muss** ein Referat schreiben.
Was **möchte** Thomas am Wochenende machen? — Thomas **möchte** ...
[Was **musst/möchtest** du ... machen? — Ich **muss/möchte** ...]

ein Referat schreiben （レポートを書く）	in einem Café jobben （喫茶店でアルバイトする）
Fußball spielen （サッカーをする）	Tennis spielen （テニスをする）
einkaufen gehen （買い物に行く）	ins Kino gehen （映画に行く）
zum Zahnarzt gehen （歯医者に行く）	in die Kneipe gehen （居酒屋に行く）
Lebensmittel kaufen （食料品を買う）	in die Disco gehen（ディスコに行く）
Deutsch lernen（ドイツ語を学ぶ）	Karaoke singen gehen （カラオケを歌いに行く）

	müssen (heute Abend)	möchten (am Wochenende)
Thomas	**ein Referat schreiben**	Fußball spielen
Maria		
Martin	in einem Café jobben	in die Kneipe gehen
Anna		
Stefan	einkaufen gehen	in die Disco gehen
Monika		
ich		
Partner/-in		

8

6 （　　）内を参考に、必要な語を補ってドイツ語で書きましょう。

(1) 私はスキーをすることができます。
（Ski［無冠詞］/ fahren）

_____

(2) 君もスキーをすることができる？
（auch）

_____

(3) ここでアイスを食べていいですか？
（hier / Eis［無冠詞］/ essen / man）

_____

(4) 君は1時間待たなくてはなりません。
（eine Stunde / warten）

_____

(5) 僕は（一杯の）ビールが飲みたいです。
（Bier 田）

_____

過去形

1. 過去形と現在完了形の違い

「〜した」という過去表現をする場合は、動詞を「過去形」または「現在完了形」にします。

過去形	書き言葉の表現。報告文や小説などで用いられます。ただしsein, haben, 話法の助動詞の過去形は日常会話でも用いられます。
現在完了形	話し言葉の過去表現。過去の出来事を感情や親しみを込めて生き生きと表現します。会話や個人的な手紙などで用いられます（第10課）。

2. 過去形の作り方

(1) 過去基本形を確定する

規則変化動詞の場合	**語幹 ＋ te**	例：lern-en → lern**te**
不規則変化動詞の場合	巻末の変化表や辞書で確認	例：sein → **war**

(2) 過去基本形に、主語に合わせて「過去人称変化語尾」を付ける

		規則動詞	不規則動詞		
[不定詞]		lernen	sein	haben	können
[過去基本形]		**lernte**	**war**	**hatte**	**konnte**
ich	-	lernte	war	hatte	konnte
du	-st	lernte**st**	war**st**	hatte**st**	konnte**st**
er/sie/es	-	lernte	war	hatte	konnte
wir	-[e]n	lernte**n**	war**en**	hatte**n**	konnte**n**
ihr	-t	lernte**t**	war**t**	hatte**t**	konnte**t**
sie/Sie	-[e]n	lernte**n**	war**en**	hatte**n**	konnte**n**

動詞の過去形 ＝ 過去基本形 ＋ 過去人称変化語尾

3. 過去形を用いた文の作り方

①平叙文（文成分の第2位に過去形を置く）

Ich **hatte** gestern Fieber.　　私は昨日熱がありました。

Gestern **hatte** ich Fieber.　　昨日私は熱がありました。

②ja, nein を問う疑問文　　過去形 ＋ 主語 …?

Waren Sie schon einmal in Wien?　　あなたはこれまでにウィーンに行った（いた）ことがありますか？

—— Nein, ich **war** noch niemals in Wien.　　—— いいえ、まだ一度もありません。

③疑問詞を用いた疑問文　　疑問詞 ＋ 過去形 ＋ 主語 …?

Wo **warst** du gestern?　　君は昨日どこにいたの？

—— Ich **war** zu Hause. Ich **war** krank.　　—— 家にいたよ。病気だったんだ。

1 以下の動詞を過去人称変化させて空欄に入れましょう。*が付いている動詞は不規則変化です。

不定詞	lieben (愛する)	leben (暮らす)	kommen* (来る)	müssen* (〜ねばならない)
過去基本形				
ich				
du				
er/sie/es				
wir				
ihr				
sie/Sie				

2 過去形にして全文を書き換えましょう。　　　🔊059

(1) Ich habe keine Zeit.
私は時間がありません。　　　_____

(2) Der Mann liebt die Frau.
その男の人はその女性を愛しています。　　　_____

(3) Ich muss für die Prüfung arbeiten.
私は試験のために勉強しなければなりません。　　　_____

(4) Wir leben in Berlin.
私たちはベルリンで暮らしています。　　　_____

(5) Wo sind Sie?
あなたはどこにいるのですか？　　　_____

3 特に重要な動詞 sein と haben の過去形を下線部に入れましょう。　　　🔊060

(1) a: Wo _____ Sie gestern?　　　昨日あなたはどこにいたのですか？

b: Ich _____ im Bett.　　　私はベッドにいました。

Ich _____ Kopfschmerzen.　　　頭が痛かったのです。

(2) a: Ich _____ gestern eine Prüfung.　　　私は昨日試験がありました。

b: _____ die Prüfung schwierig?　　　その試験は難しかったですか？

a: Ja, aber ich _____ Glück.　　　はい、でも私は運がよかったです。

(3) a: _____ du schon einmal in Amerika?
君はアメリカに行った (いた) ことがありますか？

b: Ja, ich _____ schon zweimal in Amerika.　　　はい、2回あります。

(4) a: _____ Sie schon einmal in Deutschland?
あなたはドイツに行った (いた) ことがありますか？

b: Nein, ich _____ noch niemals in Deutschland.　　　いいえ、一度もありません。

9

4

下線部の地名と□内の語を入れ替えて、その国（場所）に行ったことがあるかパートナーに尋ねてみましょう。行ったことがある場合、誰と行ったのかも尋ねてみましょう。

例 Warst du schon einmal in Deutschland?

—— Ja, ich war schon | einmal（1回）/ zweimal（2回）
oft（何度も） | in Deutschland.

—— Nein, ich war noch niemals in Deutschland.

niemals 一度も〜ない
mit wem 誰と
dort そこに

Mit wem warst du dort?

—— Ich war | allein（一人で）/ mit meiner Familie（家族と）
mit Freunden（友達と）/ mit meinem Klub（部活で）
mit der Schule (Uni)（学校で［大学で］） | dort.

	ich	Partner/-in
... in Deutschland		
... in Amerika		
... im Disneyland		
... auf dem Fuji		
... in (　　　　　)		

5

以下の会話を読んで質問に答えましょう。

Oliver: Wo warst du am Wochenende? Du warst gestern nicht auf der Grillparty.

Alex: Ich war zu Hause.

Oliver: Warum warst du zu Hause?

Alex: Ich wollte auf die Party gehen, aber ich musste für einen Test lernen...

Oliver: Ach so... Und wie war der Test?

Alex: Sehr schwierig! Ich konnte nicht alles lösen... Übrigens, wie war die Grillparty?

Oliver: Wunderbar! Wir waren am Meer. Es war sehr heiß. Sonne, Bier und Würste... alles war super!

wollte < wollen の過去形
übrigens ところで
alles 全部

(1) War Alex auf der Grillparty?　_____

(2) Wo war Alex am Wochenende?　_____

(3) Was musste Alex am Wochenende machen?　_____

(4) Wie war der Test?　_____

B 下線部の地名と□内の語を入れ替えて、その国（場所）に行ったことがあるかパートナーに尋ねてみましょう。行ったことがある場合、誰と行ったのかも尋ねてみましょう。

例 Warst du schon einmal <u>in Deutschland</u>?

—— Ja, ich war schon | einmal（1回）/ zweimal（2回） oft（何度も） | <u>in Deutschland</u>.

—— Nein, ich war noch niemals <u>in Deutschland</u>.

> niemals 一度も〜ない
> mit wem 誰と
> dort そこに

Mit wem warst du dort?

—— Ich war | allein（一人で）/ mit meiner Familie（家族と） mit Freunden（友達と）/ mit meinem Klub（部活で） mit der Schule (Uni)（学校で［大学で］） | dort.

	ich	Partner/-in
... in Deutschland		
... in Amerika		
... im Disneyland		
... auf dem Fuji		
... in ( )		

9

6 （　　）内を参考に、必要な語を補ってドイツ語で書きましょう。

(1) 一匹の竜が海辺で暮らしていました。
（Drache 男 / am Meer / leben）

_____

(2) その男はいつも空腹だった。
（Mann 男 / immer / Hunger［無冠詞］/ haben）

_____

(3) あなたはこれまでにニューヨークに行った（いた）ことがありますか？
（schon einmal / in New York / sein）

_____

(4) いいえ、私はまだ一度もニューヨークに行った（いた）ことがありません。
（noch niemals / sein）

_____

(5) 私は家で仕事をしなければならなかった。
（zu Hause / arbeiten / müssen）

_____

現在完了形

1. haben + … 過去分詞

すべての他動詞（4格目的語をとる動詞）は「完了の助動詞haben + … 過去分詞（文末）」で現在完了形を作ります。（※辞書ではhaben, (h)の表記あり）

┌─────── 枠構造 ───────┐

Ich **habe** gestern ein Buch **gekauft**.　　私は昨日一冊の本を買いました。

主語に応じて変化　　　　　　　　過去分詞

2. sein + … 過去分詞

過去分詞のもととなる動詞が次のような自動詞の場合は、「完了の助動詞sein」を用います。（※辞書ではsein, (s)の表記あり）

場所の移動	gehen 行く	kommen 来る	fallen 落ちる　など
状態の変化	werden なる	sterben 死ぬ	auf|stehen 起きる　など
その他	sein ある	bleiben とどまる　など	

Ich **bin** nach Nagoya **gefahren**.　私は名古屋へ行きました。

主語に応じて変化　　　　　　過去分詞

【haben / seinの人称変化】

	haben	sein
ich	habe	bin
du	hast	bist
er/sie/es	hat	ist
wir	haben	sind
ihr	habt	seid
sie/Sie	haben	sind

3. 過去分詞の作り方 ⇒ ge ─ t

machen　〜する　＝　mach＋en　⇒　**ge**＋mach＋**t**

不定詞　　　　　　　語幹＋en　　　　　　過去分詞

● 過去分詞の作り方は全て同じではなく、不規則に変化するものがあります。（巻末参照）

kommen　来る ⇒ **gekommen**　　　　essen　食べる ⇒ **gegessen**

● 分離動詞の過去分詞：基礎動詞のみ過去分詞にします。

auf\|machen　開ける ⇒ auf**gemacht**　　zurück\|kommen　戻って来る ⇒ zurück**gekommen**

● 過去分詞でge- が付かない：be-, emp-, ent-, er-, ge-, ver-, zer- で始まる非分離動詞、-ierenで終わる外来動詞

besuchen　訪問する ⇒ **be~~ge~~sucht**　　　studieren　専攻する ⇒ ~~ge~~**studiert**

4. 現在完了形を用いた文の作り方

①平叙文　　　　　　　　主語 ＋ 完了の助動詞haben/sein（2番目） …… 過去分詞 .

Er **hat** gestern Deutsch **gelernt**.　　彼は昨日ドイツ語を勉強しました。

（もしくは テーマとしたい事項 ＋ 完了の助動詞haben/sein（2番目） ＋ 主語 …… 過去分詞 .)

Gestern **hat** er Deutsch **gelernt**.　　昨日彼はドイツ語を勉強しました。

②ja, nein を問う疑問文　　完了の助動詞haben/sein ＋ 主語 …… 過去分詞 ?

Hat er gestern Deutsch **gelernt**?　　彼は昨日ドイツ語を勉強しましたか？

③疑問詞を用いた疑問文　　疑問詞 ＋ 完了の助動詞haben/sein ＋ 主語 …… 過去分詞 ?

Was **hat** er gestern **gelernt**?　　　彼は昨日何を勉強しましたか？

1 以下の動詞を現在完了形にしましょう。なお＊が付いている動詞は不規則変化です。

不定詞		現在完了形
lernen	学ぶ	er hat ... gelernt
spielen	プレーする	wir
kommen*	来る	du
sehen*	見る	Sie（あなた）
auf|stehen*	起きる	ich
gehen*	歩いて行く	ihr
fahren*	行く	du
besuchen	訪ねる	sie（彼女）

2 （　　）内の動詞を用いて、下線部に完了の助動詞と過去分詞を入れましょう。 064

(1) a: Was ＿＿＿＿＿ du gestern ＿＿＿＿＿＿＿？（machen）　君は昨日何をしたの？

　　 b: Ich ＿＿＿＿ nach Kyoto ＿＿＿＿＿＿ .（fahren*）　私は京都へ行ってきました。

(2) a: ＿＿＿＿＿ du heute früh ＿＿＿＿＿＿？（auf\|stehen*）　君は今日早く起きたの？

　　 b: Ja, ich＿＿＿＿ um 5 Uhr ＿＿＿＿＿＿ .　はい、5時に起きました。

(3) a: ＿＿＿＿＿ Sie den Film ＿＿＿＿＿＿？（sehen*）　あなたはその映画を見ましたか？

　　 b: Ja, ich＿＿＿＿ ihn schon ＿＿＿＿＿＿ .　はい、もう見ました。

3 現在完了形に書き換えましょう。 065

(1) Ich lerne Deutsch.　　　　　　　　　　私はドイツ語を勉強します（lernen）。

＿＿＿＿＿＿＿＿＿＿＿＿＿＿＿＿＿＿＿＿＿＿＿＿＿＿＿＿＿

(2) Ich jobbe in einem Café.　　　　　　　私は喫茶店でアルバイトしています（jobben）。

＿＿＿＿＿＿＿＿＿＿＿＿＿＿＿＿＿＿＿＿＿＿＿＿＿＿＿＿＿

(3) Er geht ins Kino.　　　　　　　　　　彼は映画に行きます（gehen*）。

＿＿＿＿＿＿＿＿＿＿＿＿＿＿＿＿＿＿＿＿＿＿＿＿＿＿＿＿＿

(4) Sie schreibt ein Referat.　　　　　　彼女はレポートを書きます（schreiben*）。

＿＿＿＿＿＿＿＿＿＿＿＿＿＿＿＿＿＿＿＿＿＿＿＿＿＿＿＿＿

(5) Martin besucht einen Freund.　　　マーティンは友人を訪問します（besuchen）。

＿＿＿＿＿＿＿＿＿＿＿＿＿＿＿＿＿＿＿＿＿＿＿＿＿＿＿＿＿

(6) Stefanie bleibt zu Hause.　　　　　シュテファニーは家にいます（bleiben*）。

＿＿＿＿＿＿＿＿＿＿＿＿＿＿＿＿＿＿＿＿＿＿＿＿＿＿＿＿＿

10

4

パートナーと協力して、友人たちが「週末にしたこと」と「昨日したこと」を空欄に入れていきましょう。空欄に入れる語は　　内から選んでください。例文と　　内の語の発音を確認してから始めましょう。

例　Was **hat** Thomas am Wochenende **gemacht**?
—— Thomas **hat** Fußball **gespielt**.

[Was **hast** du am Wochenende/gestern **gemacht**? —— Ich **habe/bin** ...]

haben 支配：Fußball gespielt（サッカーをした）　in einem Café gejobbt（喫茶店でアルバイトした）
Japanisch gelernt（日本語を勉強した）einen Freund besucht（友人を訪問した）
Deutsch gelernt（ドイツ語を勉強した）ein Referat geschrieben（レポートを書いた）
sein 支配：ins Kino gegangen（映画に行った）　nach Hamburg gefahren（ハンブルクへ行った）
zu Hause geblieben（家にいた）　einkaufen gegangen（買い物に行った）

	am Wochenende	gestern
Thomas	**Fußball gespielt**	
Monika	Japanisch gelernt	nach Hamburg gefahren
Martin		
Kenta	einkaufen gegangen	Deutsch gelernt
Stefanie		
ich		
Partner/-in		

5

皆で集まったパーティーの翌日、Monika は Stefanie にメールを書きました。そのメール を読んで質問に答えましょう。

Hallo Stefanie,

bist du schon aufgestanden? Die Party war wirklich gut! Dort habe ich viel gegessen und getrunken. Danach habe ich mit Maria gesungen und getanzt. Das war toll! Aber auf der Party haben wir nicht so viel gesprochen. Deswegen möchte ich dich nochmal sehen. Wann hast du Zeit? Bist du schon ins Kino vor dem Bahnhof gegangen? Sehen wir dort einen Film zusammen? Schreib mal wieder!

Deine Monika

---

(1) メール内の過去分詞に線を引きましょう。

(2) 下線を引いた過去分詞の不定詞を書き出しましょう。

(3) Hat Monika nicht viel gegessen?

_____

(4) Was haben Monika und Maria zusammen gemacht?

_____

dort　そこで
danach　その後で
deswegen　だから
（補足文法 3 参照）
nochmal　もう一度

パートナーと協力して、友人たちが「週末にしたこと」と「昨日したこと」を空欄に入れていきましょう。空欄に入れる語は　　内から選んでください。例文と　　内の語の発音を確認してから始めましょう。

例 Was **hat** Thomas am Wochenende **gemacht**?
── Thomas **hat** Fußball **gespielt**.

[Was **hast** du am Wochenende/gestern **gemacht**? ── Ich **habe**/**bin** ...]

haben支配：	Fußball gespielt (サッカーをした)	in einem Café gejobbt (喫茶店でアルバイトした)
	Japanisch gelernt (日本語を勉強した)	einen Freund besucht (友人を訪問した)
	Deutsch gelernt (ドイツ語を勉強した)	ein Referat geschrieben (レポートを書いた)
sein支配：	ins Kino gegangen (映画に行った)	nach Hamburg gefahren (ハンブルクへ行った)
	zu Hause geblieben (家にいた)	einkaufen gegangen (買い物に行った)

	am Wochenende	gestern
Thomas	**Fußball gespielt**	ein Referat geschrieben
Monika		
Martin	in einem Café gejobbt	einen Freund besucht
Kenta		
Stefanie	ins Kino gegangen	zu Hause geblieben
ich		
Partner/-in		

10

（　）内を参考に、必要な語を補ってドイツ語で書きましょう。（現在完了形で）

(1) 君は昼食に何を食べたの？ ── 私はシュニッツェルを食べました。
（zu Mittag essen* / was / Schnitzel［無冠詞］）

_____

(2) 君は食後に何を飲んだの？ ── 私は（一杯の）コーヒーを飲みました。
（was / nach dem Essen / trinken* / Kaffee團［不定冠詞］）

_____

(3) 私は昨日（一通の）Eメールを書きました。
（gestern / E-Mail囡［不定冠詞］/ schreiben*）

_____

(4) 私たちは昨年ドイツに旅行しました。
（letztes Jahr / nach Deutschland / reisen）

_____

(5) 私の父は10時に帰宅しました。
（Vater團 / um 10 Uhr / nach Hause / zurück|kommen*）

_____

形容詞

1. 形容詞の語尾変化

名詞の前に形容詞を置く場合、その形容詞は語尾変化します。冠詞の有無や種類によって3つのタイプに分けられます。

(1) 形容詞（**語尾**） ＋ 名詞 （強変化：変化の度合いが強い）

	男性	女性	中性	複数
1格	**-er**	**-e**	**-es**	**-e**
2格	**-en**	**-er**	**-en**	**-er**
3格	**-em**	**-er**	**-em**	**-en**
4格	**-en**	**-e**	**-es**	**-e**

✦ あまり用いられることない男性2格・中性2格の2か所を除いて、定冠詞類の表と同じです。

Nach der Arbeit trinke ich immer kalt**es** Bier.　　仕事の後に私はいつも冷たいビールを飲みます。

(2) 定冠詞（類） ＋ 形容詞（**語尾**） ＋ 名詞 （弱変化：変化の度合いが弱い）

	男性	女性	中性	複数
1格		**-e**		
2格		**-en**		
3格				
4格		**-e**		

定冠詞：　der（第2課参照）
定冠詞類：dies-, welch-など（第5課参照）

Kennst du die schön**e** Frau dort?　　　　君はあそこにいる美しい女の人を知っているかい？

(3) 不定冠詞（類） ＋ 形容詞（**語尾**） ＋ 名詞 （混合変化：上記1と2の混合）

	男性	女性	中性	複数
1格	**-er**	**-e**	**-es**	
2格		**-en**		
3格				
4格		**-e**	**-es**	

不定冠詞：　ein（第2課参照）
不定冠詞類：所有冠詞mein-など
　　　　　　否定冠詞kein-（第5課参照）

Mein Vater hat ein neu**es** Auto gekauft.　　　私の父は新車を購入しました。

2. 序数の使い方

序数は「～番目の～」という意味の形容詞です。よって語尾が付きます。

1. **erst**-　　6. sechs**t**-　　11. elf**t**-　　16. sechzehn**t**-　　21. einundzwanzig**st**-
2. zwei**t**-　　7. **siebt**-　　12. zwölf**t**-　　17. siebzehn**t**-　　22. zweiundzwanzig**st**-
3. **dritt**-　　8. **acht**-　　13. dreizehn**t**-　　18. achtzehn**t**-　　30. dreißig**st**-
4. vier**t**-　　9. neun**t**-　　14. vierzehn**t**-　　19. neunzehn**t**-　　40. vierzig**st**-
5. fünf**t**-　　10. zehn**t**-　　15. fünfzehn**t**-　　20. zwanzig**st**-　　50. fünfzig**st**-

✦ 1-19番目までは基数（10頁）に-tを付けます（例外：1, 3, 7, 8番目）。20番目以上は-stを付けます。
✦ アラビア数字で表記する場合はPunkt（.）を付けます。

Wann hast du Geburtstag?　　　　　　　　君の誕生日はいつ？
　—— Am 3.(**dritten**) Oktober habe ich Geburtstag.　—— 10月3日です。

an｜dem dritten T̶a̶g̶ 男
　　　am

1 下線部に適切な形容詞の語尾を入れましょう。(強変化) 🔊069

(1) Ich habe groß____ Hunger男.　　　私はとてもお腹が空いています。(大きな空腹を持つ)

(2) Ich höre gern deutsch____ Popmusik女.　私はドイツのポップスを聴くのが好きです。

(3) Sie hat kurz____ Haare複.　　　　彼女は短い髪をしている。

(4) Gut____ Anfang男 ist halb____ Arbeit女.　よい始まりは半分の仕事だ。(ことわざ)

(5) Frisch____ Obst中 ist gesund.　　　新鮮な果物は健康に良い。

(6) Mein Vater trinkt gern schwarz____ Kaffee男.　私の父はブラックコーヒーを飲むのが好きです。

(7) Heute haben wir schön____ Wetter中.　今日はよい天気です。(私たちはよい天気を持つ)

2 下線部に適切な形容詞の語尾を入れましょう。(弱変化) 🔊070

(1) Der groß____ Mann男 heißt Martin.　　その大きな男性はマーティンという名前です。

(2) Das rot____ Hemd中 ist sehr teuer.　　その赤いシャツはとても値段が高い。

(3) Sie kauft ihrem Mann den schwarz____ Anzug男.　彼女は夫にその黒いスーツを買います。

(4) Wir danken dem nett____ Lehrer男.　　私たちはその親切な教師に感謝しています。

(5) a : Wann hast du Geburtstag?　　　　誕生日はいつ？

　　b : Am 4. (viert____) Juni habe ich Geburtstag.　6月4日です。
　　　　Und du?　　　　　　　　　　　それで君は？

　　a : Am 24. (vierundzwanzigst____) Dezember.　12月24日です。

(6) Beethoven komponierte 1824 „Die neunt____ Symphonie女".

　　　　　　　　　　　　　　　　　　ベートーベンは1824年に「第九」を作曲した。

3 下線部に適切な形容詞の語尾を入れましょう。(混合変化) 🔊071

(1) Ich habe eine schwarz____ Katze女.　　私は黒い猫を飼っています。

(2) Er hat einen weiß____ Hund男.　　　彼は白い犬を飼っています。

(3) Mein neu____ Chef男 ist sehr streng.　　私の新しい上司はとても厳しい。

(4) Ich habe mir einen rot____ Rock男 gekauft.　私は赤いスカートを買いました。

(5) Ich besuche meine krank____ Oma女.　私は私の病気のおばあさんを訪問します。

(6) Er hat ein schnell____ Auto中.　　　彼は速い車を持っています。

　　Aber ich habe nur ein alt____ Fahrrad中.　しかし私は古い自転車しか持っていません。

(7) Ich schenke ihm eine neu____ Kamera女.　私は彼に新しいカメラをプレゼントします。

11

4

パートナーと協力して、友人たちの「誕生日」を空欄に入れていきましょう。空欄に入れる語は　　　内から選んでください。例文と　　　内の語の発音を確認してから始めましょう。

例 Wann hat Thomas Geburtstag?
— Am 9. (neunt**en**) November hat Thomas Geburtstag.

1月：Januar		2月：Februar		3月：März		4月：April	
5月：Mai		6月：Juni		7月：Juli		8月：August	
9月：September		10月：Oktober		11月：November		12月：Dezember	

Name	Geburtstag
Thomas	**am 9. (neunten) November**
Maria	am 4. (vierten) März
Martin	
Stefan	am 12. (zwölften) Februar
Kenta	
Daniel	am 19. (neunzehnten) April
Anna	

Name	Geburtstag
Monika	am 7. (siebten) Juli
Ryoko	
Claudia	am 21. (einundzwanzigsten) Dezember
Takashi	
Mayumi	am 22. (zweiundzwanzigsten) Juni
ich	
Partner/-in	

5

以下の文を読んで質問に答えましょう。

Thomas möchte ein neues Hemd kaufen. Er geht in ein großes Kaufhaus. Er sieht ein weißes Hemd. Eine junge und schöne Verkäuferin kommt zu ihm und zeigt ihm einen schwarzen Anzug. Die Verkäuferin sagt: „Dieser schwarze Anzug passt gut zum weißen Hemd". Er probiert den Anzug und das Hemd an. Schließlich kauft er sie.

（1）Was möchte Thomas eigentlich kaufen?

_____

（2）Wohin geht er zum Einkaufen?

_____

（3）Was kauft er schließlich?

_____

Hemd シャツ　　Kaufhaus デパート　　Verkäuferin 女性店員
Anzug スーツ　　passt < passen 合う　　an|probieren 試着する
schließlich 最終的に　　eigentlich 本当は

パートナーと協力して、友人たちの「誕生日」を空欄に入れていきましょう。空欄に入れる語は 内から選んでください。例文と 内の語の発音を確認してから始めましょう。

例 Wann hat Thomas Geburtstag?
— Am 9. (neunt**en**) November hat Thomas Geburtstag.

1月：Januar	2月：Februar	3月：März	4月：April
5月：Mai	6月：Juni	7月：Juli	8月：August
9月：September	10月：Oktober	11月：November	12月：Dezember

Name	Geburtstag
Thomas	**am 9. (neunten) November**
Maria	
Martin	am 15. (fünfzehnten) September
Stefan	
Kenta	am 21. (einundzwanzigsten) August
Daniel	
Anna	am 6. (sechsten) Januar

Name	Geburtstag
Monika	
Ryoko	am 1. (ersten) Mai
Claudia	
Takashi	am 26. (sechsundzwanzigsten) Oktober
Mayumi	
ich	
Partner/-in	

6 （ ）内を参考に、必要な語を補ってドイツ語で書きましょう。 11

(1) 私は紅茶を好んで飲みます。
（gern / schwarz / Tee 男 ［無冠詞］ / trinken）

_____

(2) 彼女は（彼女の）お母さんに（一着の）白いセーターを買いました。
（Mutter 女 ［所有冠詞］ / weiß / Pullover 男 / kaufen, 現在完了形で）

_____

(3) 彼は（一台の）ドイツ車を持っています。
（deutsch / Auto 中 / haben）

_____

(4) 私は（一つの）素敵なお土産を探しています。
（schön / Souvenir 中 / suchen）

_____

(5) ある親切な女性が私を助けてくれました。
（Frau 女 / nett / helfen, 現在完了形で）

> helfen ～に手助けする（3 格目的語を取る）

_____

Farben

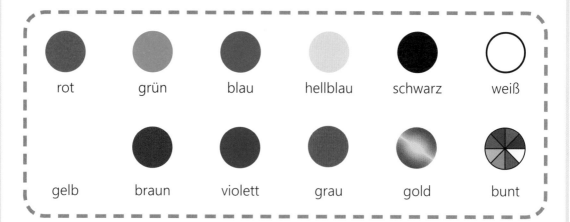

rot	grün	blau	hellblau	schwarz	weiß
gelb	braun	violett	grau	gold	bunt

Übung 1　町の様子についてパートナーと会話しよう

イラストを見て、家の色や花の色などについてお互いに尋ねましょう。

例 Was ist das?　　　　　　　　　　— Das ist ein Fahrrad.

　　Welche Farbe hat das Fahrrad?　— Es ist blau.

Haus 中 家	Fahrrad 中 自転車	Himmel 男 空	Wolke 女 雲	Blume 女 花
Auto 中 車	Hund 男 犬	Katze 女 猫		

Übung 2　持っているものや身につけているものについて話そう

イラストを見て、それぞれの人物が持っているものについてドイツ語で表現しましょう。

　例 Die Mutter hat <u>eine rote Tasche</u>.

　　　der Sohn
　　　　　　der Großvater

　　　die Großmutter
　　　　　　　　die Mutter

　　die Tochter
　　der Vater

イラストを見て、それぞれの人物が持っているもの、身につけているものについてドイツ語で表現しましょう。

　例 Monika hat <u>ein blaues Buch</u>.
　　 Thomas trägt <u>eine schwarze Hose</u>.

　　Monika　Thomas　　　Anna　　Martin　　Stefanie　Michael

Kamera 女 カメラ	Koffer 男 スーツケース	Handtasche 女 ハンドバッグ	Luftballon 男 風船
Puppe 女 人形	Regenschirm 男 傘	Schultertasche 女 ショルダーバッグ	Rucksack 男 リュックサック
Hemd 中 シャツ	Hose 女 ズボン	Kleid 中 ワンピース	Rock 男 スカート

59

Übung 3 それぞれの場面について話そう

A：①〜④の場面から一つを選び、イラストで描かれているものについて説明しましょう。

B：説明を聞いている人は、パートナーが①〜④のどの場面のことを話しているか考えましょう。
　　途中で質問をしてもよいでしょう。

A: Ich sehe einen Tisch.
　 Der Tisch ist braun.

A: Ich sehe ein Buch.
　 Das Buch ist rot.

B: Sonst noch etwas?
　 Was gibt es noch?
　「ほかに何かある？」

B: Ist das Buch auf dem Tisch?
　「その本は机の上にありますか？」

① Im Café

② Im Restaurant

③ Am Kiosk

④ Im Zimmer

Tisch男 机	Stuhl男 椅子	Kaffee男 コーヒー	Kuchen男 ケーキ	Brot中 パン
Buch中 本	Zeitschrift女 雑誌	Zeitung女 新聞	Tasse女 カップ	Glas中 グラス
Wasser中 水	Bier中 ビール	Tasche女 カバン	Uhr女 時計	Eis中 アイス
Flasche女 瓶	Fleisch中 肉	Salat男 サラダ	Suppe女 スープ	Snack男 スナック

接続法

接続法とは英語でいう仮定法のことです。接続法にはⅠ式 (間接話法・要求話法) とⅡ式 (非現実話法・丁寧な表現) の二つがありますが、ここでは使用頻度の高い接続法Ⅱ式のみ扱います。

1. 接続法Ⅱ式の作り方

① 接続法Ⅱ式基本形を作る
● 規則動詞の場合は過去形と同じです。
● 不規則変化動詞の場合、過去形にウムラウトさせ、-e を付けます。

	規則動詞	不規則変化動詞			
不定詞	kaufen	haben	sein	werden	können
過去形	kaufte	hatte	war	wurde	konnte
接続法Ⅱ式基本形	kaufte	hätte	wäre	würde	könnte

② 上の接続法Ⅱ式基本形に過去形と同じ人称語尾を付ける

不定詞		kaufen	haben	sein	werden	können
接続法Ⅱ式基本形		kaufte	hätte	wäre	würde	könnte
ich	-△	kaufte△	hätte△	wäre△	würde△	könnte△
du	-st	kauftest	hättest	wärest	würdest	könntest
er/sie/es	-△	kaufte△	hätte△	wäre△	würde△	könnte△
wir	-[e]n	kauften	hätten	wären	würden	könnten
ihr	-t	kauftet	hättet	wäret	würdet	könntet
sie/Sie	-[e]n	kauften	hätten	wären	würden	könnten

2. 接続法Ⅱ式の用法

(1) 非現実話法

事実に反する仮定を表現する場合に用いられます。よく用いられる「もし～なら、～だろう」のパターンを覚えてください。

現在： Wenn + …… 接続法Ⅱ式 , würde …… 不定詞 .

過去： Wenn + …… 過去分詞 + hätte/wäre , hätte/wäre …… 過去分詞 .

現在： Wenn ich Geld **hätte**, **würde** ich einen Porsche **kaufen**.

過去： Wenn ich Geld **gehabt hätte**, **hätte** ich einen Porsche **gekauft**.

[現在] お金があればポルシェを買うのに。　　[過去] お金があったらポルシェを買ったのに。

(2) 丁寧な表現

「もしよろしければ」といった控えめな表現として用いられます。

Ich **hätte** gern eine Tasse Kaffee.　　コーヒーを一杯いただきたいのですが。

Könnten Sie mir bitte helfen?　　手伝っていただけませんか？

1 下線部に（　　）内の動詞を接続法Ⅱ式にして入れましょう。　🔊075

(1) Wenn ich Zeit _____ , _____ ich mit dir in den Zoo gehen. (haben, werden)
私は時間があれば、君と動物園に行くのに。

(2) Wenn ich Millionär _____ , _____ ich einen Porsche kaufen. (sein, werden)
私が百万長者なら、ポルシェを買うのに。

(3) Ohne Ihre Hilfe _____ wir diesen Plan nicht verwirklichen. (können)
あなたの助けがなければ、私たちはこの計画を実現できないでしょう。

2 接続法Ⅱ式を使って丁寧な表現に書き換えましょう。　🔊076

(1) Können Sie mir den Weg zum Bahnhof sagen?　　駅へ行く道を教えていただけませんか？

_____

(2) Ich habe eine Bitte an Sie.　　あなたにお願いがあるのですが。

_____

(3) Es ist schön, wenn du auch morgen kommen kannst. 君も明日来られればいいのですが。

_____

3 例のように接続法Ⅱ式を使って非現実の表現で書き換えましょう。　🔊077

例 Ich habe kein Geld. Ich kaufe das Auto nicht.
Wenn ich Geld hätte, würde ich das Auto kaufen.
私はお金があれば、その車を買うのに。

(1) Ich habe keine Zeit. Ich gehe nicht ins Kino.

_____
私は時間があれば、映画を見に行くのに。

(2) Wir sind nicht reich. Wir wohnen nicht in einem großen Haus.

_____
私たちがお金持ちならば、大きな家に住むのに。

(3) Ich bin krank. Ich fahre heute nicht zur Uni.

_____
私は病気でなければ、今日大学へ行くのに。

(4) Ich hatte kein Geld. Ich habe das Auto nicht gekauft. (非現実話法の過去)

_____
私はお金を持っていたら、その車を買ったのに。

(5) Ich hatte keine Zeit. Ich bin nicht ins Kino gegangen. (非現実話法の過去)

_____
私は時間があったら、映画を見に行ったのに。

12

4

パートナーと協力して、友人たちが「お金があればしたいこと」を空欄に入れていきましょう。空欄に入れる語は　　　内から選んでください。例文と　　　内の語の発音を確認してから始めましょう。

例 Was würde Thomas machen, wenn er Geld hätte?
　　—— Thomas würde einen Mercedes-Benz kaufen.

[Was würdest du machen, wenn du Geld hättest? —— Ich würde ...]

einen Mercedes-Benz kaufen（ベンツを買う）　　Urlaub in Hawaii machen（休暇をハワイで取る）
eine Weltreise machen（世界一周する）　ins All fliegen（宇宙へ行く）　nicht arbeiten（働かない）
in einem großen Haus wohnen（大きな家に住む）　nach Deutschland reisen（ドイツへ旅行する）

Name	würde ...
Thomas	**einen Mercedes-Benz kaufen**
Martin	
Stefan	eine Weltreise machen
Takashi	
Maria	in einem großen Haus wohnen
Monika	
Ryoko	nicht arbeiten
ich	
Partner/-in	

5

以下の会話を読んで質問に答えましょう。　　　　　

Michael : Was würdest du machen, wenn du im Lotto gewinnen würdest?

Daniel : Es wäre wirklich schön, wenn ich plötzlich Millionär werden könnte! Wenn ich viel Geld hätte, würde ich nach Peru fliegen und den Machu Picchu besuchen. Und du? Was würdest du machen?

Michael : Wie du weißt, habe ich großes Interesse an deutschen Autos. Ich würde einen Porsche kaufen. Aber ich habe noch keinen Führerschein, deshalb muss ich zuerst eine Fahrschule besuchen.

(1) Was würde Daniel machen, wenn er im Lotto gewinnen würde?

deshalb　だから
（補足文法 3 参照）

_____

(2) Hat Michael einen Porsche?

_____

B パートナーと協力して、友人たちが「お金があればしたいこと」を空欄に入れていきましょう。空欄に入れる語は▢▢内から選んでください。例文と▢▢内の語の発音を確認してから始めましょう。

例 Was würde Thomas machen, wenn er Geld hätte?
—— Thomas würde einen Mercedes-Benz kaufen.

[Was würdest du machen, wenn du Geld hättest? —— Ich würde ...]

einen Mercedes-Benz kaufen（ベンツを買う）　　Urlaub in Hawaii machen（休暇をハワイで取る）
eine Weltreise machen（世界一周する）　　ins All fliegen（宇宙へ行く）　　nicht arbeiten（働かない）
in einem großen Haus wohnen（大きな家に住む）　　nach Deutschland reisen（ドイツへ旅行する）

Name	würde ...
Thomas	**einen Mercedes-Benz kaufen**
Martin	Urlaub in Hawaii machen
Stefan	
Takashi	nach Deutschland reisen
Maria	
Monika	ins All fliegen
Ryoko	
ich	
Partner/-in	

6　（　　）内を参考に、必要な語を補ってドイツ語で書きましょう。

(1) 私は時間があれば、買い物に行くのですが。
（Zeit［無冠詞］/ einkaufen gehen）

(2) 私はお金があれば、その時計を買うのですが。
（Geld［無冠詞］/ Uhr囡 / kaufen）

(3) もし私が病気でなければ、君のところへ行くのになあ。
（krank / zu / gehen）

(4) ドアを閉めていただけませんか？
（Tür囡［定冠詞］/ schließen, könnenの接続法Ⅱ式を使って）

(5) その電車が遅れなかったら、私は時間通りに到着していたのですが。
（Zug阳 / keine Verspätung haben / pünktlich / an|kommen, 非現実話法の過去を使って）

zu 不定詞

1. zu 不定詞

動詞の不定詞にzuを付けたものをzu不定詞と言います。英語のto不定詞にあたります。ただしzu不定詞を他の語で拡張する場合、それらをzu不定詞の前に置きます。この点が英語のto不定詞とは異なります。

上記のようなzu不定詞から成り立つまとまりを **zu 不定詞句** と言います。zu不定詞句は原則として前後をコンマで区切ります。

2. zu 不定詞の用法

（1）主語として

zu 不定詞句
Jeden Tag **zu joggen**, ist sehr gesund.　　　　　毎日ジョギングすることはとても健康的です。

（＝ Es ist sehr gesund, jeden Tag **zu joggen**.)　　[it is ... to不定詞と同じ]

（2）目的語として

Ich empfehle dir, jeden Tag **zu joggen**.　　　　私は君に毎日ジョギングすることを勧めます。

Er hat vor, sein Auto **zu verkaufen**.　　　　　彼は車を売るつもりです。

（3）形容詞のように名詞にかかる

Hast du Lust, mit uns in die Kneipe **zu gehen**?　私たちと居酒屋へ行く気ある？

Ich habe keine Zeit, Fußball **zu spielen**.　　　私はサッカーをする時間がありません。

（4）um ... zu 不定詞：～するために

Der Student arbeitet fleißig in der Bibliothek, **um** die Prüfung **zu bestehen**.

その学生は試験に合格するために懸命に図書館で勉強しています。

分離動詞をzu不定詞にする場合、前つづりと基礎動詞の間にzuを入れます。

auf|stehen → auf**zu**stehen

Jeden Morgen früh **aufzustehen**, ist sehr gesund.　　毎朝早起きすることはとても健康的です。

Übungen

1 （　）内の語を zu 不定詞にしましょう。

(1) _____ , ist nicht gut für die Gesundheit.
(Jeden Tag Alkohol trinken)　　　　　　　　毎日お酒を飲むことは健康によくない。

(2) Es ist sehr wichtig, _____ .
　　　　　(viele Bücher lesen)　　　たくさん本を読むことはとても大切なことです。

(3) Leider habe ich heute keine Zeit, _____ .
　　　　　　　　(auf die Party gehen)　残念だけど今日はパーティーに行く時間がありません。

(4) Ich habe vor, _____ .
　　　　　(spätestens bis 9 Uhr zurück|kommmen)　私は遅くとも9時までに戻る予定です。

2 それぞれの人物の目的と、その目的を実現させるための行動を「um ... zu不定詞」を使って
書きましょう。

例　Keitaro　　行動：fleißig arbeiten（懸命に勉強する）　目的：die Prüfung bestehen（試験に合格する）

　　Keitaro arbeitet fleißig, um die Prüfung zu bestehen.

(1) Shintaro　　行動：in einer Kneipe jobben（居酒屋でアルバイトする）　目的：Geld verdienen（お金を稼ぐ）

　　_____

(2) Ayumi　　行動：nach Amerika fahren（アメリカへ行く）　目的：Englisch lernen（英語を学ぶ）

　　_____

(3) Meine Mutter　　行動：zum Supermarkt gehen（スーパーへ行く）　目的：Lebensmittel kaufen（食料品を買う）

　　_____

3 例にならって文を作りましょう。

例　a: Was hast du am Wochenende vor?　　　　君は週末に何を予定していますか？
　　b: Ich habe vor, _ins Disneyland zu gehen_　　私はディズニーランドへ行く予定です。
　　　　(ins Disneyland gehen)

vor|haben　予定する

(1) a: Was hat Thomas in den Ferien vor?　　　トーマスは休暇に何を予定していますか？
　　b: Thomas hat vor, _____　トーマスは祖父母を訪問する予定です。
　　　　(seine Großeltern besuchen)

(2) a: Was hat Martin in den Ferien vor?　　　マーティンは休暇に何を予定していますか？
　　b: Martin hat vor, _____　マーティンは友人とパーティーをする予定です。
　　　　(mit Freunden eine Party machen)

(3) a: Was hat Anna in den Ferien vor?　　　アンナは休暇に何を予定していますか？
　　b: Anna hat vor, _____　アンナはハワイへ旅行に行く予定です。
　　　　(nach Hawaii reisen)

補1

4

パートナーと協力して、友人たちの「冬休みの予定」を完成させましょう。空欄に入れる語は▨▨内から選んでください。例文と▨▨内の語の発音を確認してから始めましょう。

例 Was hat Thomas in den Winterferien vor?
—— Thomas hat vor, seine Großeltern zu besuchen.

[Was hast du in den Winterferien vor?　——　Ich habe vor, ... zu ...]

Name	内　容
Thomas	**seine Großeltern zu besuchen**
Martin	zu seinen Eltern zu fahren
Stefan	
Takashi	nach Deutschland zu reisen
Maria	
Anna	mit Freuden eine Party zu machen
Monika	
Ryoko	nach Hawaii zu reisen
ich	
Partner/-in	

seine Großeltern zu besuchen
（祖父母を訪問すること）
nach Deutschland zu reisen
（ドイツへ旅行すること）
mit Freunden eine Party zu machen
（友人たちとパーティーをすること）
nach Hawaii zu reisen
（ハワイへ旅行すること）
ins Disneyland zu gehen
（ディズニーランドへ行くこと）
mit seinem Klub Ski zu fahren
（部活でスキーをすること）
in einem Restaurant zu jobben
（レストランでアルバイトすること）
zu seinen Eltern zu fahren
（両親の元に行くこと）

5

以下の会話を読んで質問に答えましょう。

Oliver: Was hast du am Wochenende vor?

Anna: Ich habe nichts Besonderes vor. Warum fragst du?

Oliver: Hast du Lust, mit mir ins Kino zu gehen?

Anna: Mit dir?! Ah... ich muss bis morgen ein Referat schreiben. Deswegen ist es unmöglich, mit dir ins Kino zu gehen. Ich habe viel zu tun.

Oliver: Okay, ich verstehe... Hast du am nächsten Wochenende Zeit?

Anna: Nein, ich gehe ins Kaufhaus, um Kleidung zu kaufen.

Oliver: Können wir nicht zusammen gehen?

Anna: Nein...

deswegen だから（補足文法 3 参照）　　am nächsten Wochenende 来週末
zusammen 一緒に　　Absicht 意図　　aus|machen 取り決める

正しいものには○を、間違っているものには×を付けましょう。

(1) Oliver hat die Absicht, mit Anna ein Date auszumachen.

(2) Anna hat keine Lust, mit Oliver ins Kino zu gehen.

(3) Anna hat Lust, mit Oliver ins Kino zu gehen, aber sie hat keine Zeit.

パートナーと協力して、友人たちの「冬休みの予定」を完成させましょう。空欄に入れる語は▨▨内から選んでください。例文と▨▨内の語の発音を確認してから始めましょう。

例 Was hat Thomas in den Winterferien vor?
 —— Thomas hat vor, seine Großeltern zu besuchen.

[Was hast du in den Winterferien vor? —— Ich habe vor, ... zu ...]

Name	内　容
Thomas	**seine Großeltern zu besuchen**
Martin	
Stefan	mit seinem Klub Ski zu fahren
Takashi	
Maria	in einem Restaurant zu jobben
Anna	
Monika	ins Disneyland zu gehen
Ryoko	
ich	
Partner/-in	

seine Großeltern zu besuchen
（祖父母を訪問すること）
nach Deutschland zu reisen
（ドイツへ旅行すること）
mit Freunden eine Party zu machen
（友人たちとパーティーをすること）
nach Hawaii zu reisen
（ハワイへ旅行すること）
ins Disneyland zu gehen
（ディズニーランドへ行くこと）
mit seinem Klub Ski zu fahren
（部活でスキーをすること）
in einem Restaurant zu jobben
（レストランでアルバイトすること）
zu seinen Eltern zu fahren
（両親の元に行くこと）

6 （　　）内を参考に、必要な語を補ってドイツ語で書きましょう。

(1) 外国語を身に付けることはそんなに簡単ではありません。
（Fremdsprache囡［不定冠詞］/ beherrschen / nicht so leicht / sein）

_____

(2) あなたはこの冬に何を予定していますか？
 —— 私は2月に友だちとスノーボードをすることを予定しています。
（in diesem Winter / was / vor|haben — im Februar / mit Freunden / Snowboard fahren / vor|haben）

_____

(3) 彼はドイツへ旅行するためにドイツ語を勉強しています。
（nach Deutschland / reisen / Deutsch / lernen / um ... zu）

_____

(4) 君は私とジョギングする気がありますか？
（Lust / mit mir / joggen / haben）

_____

(5) 私たちはスキーをするために長野へ行きます。
（Ski fahren / nach Nagano / fahren / um ... zu）

_____

補1

再帰代名詞・再帰動詞

例文 086

1. 再帰代名詞

主語と同じものを指す代名詞を再帰代名詞と言います。3人称、および敬称のSieの場合にsichを用います。その他は人称代名詞（第4課）と同じです。

	単数		単数	複数			敬称
	1人称	2人称	3人称	1人称	2人称	3人称	2人称
1格	ich	du	er/sie/es	wir	ihr	sie	Sie
3格	mir	dir	**sich**	uns	euch	**sich**	**sich**
4格	mich	dich	**sich**	uns	euch	**sich**	**sich**

［参考］人称代名詞

	単数					複数			敬称
	1人称	2人称	3人称			1人称	2人称	3人称	2人称
1格	ich	du	er	sie	es	wir	ihr	sie	Sie
3格	mir	dir	ihm	ihr	ihm	uns	euch	ihnen	Ihnen
4格	mich	dich	ihn	sie	es	uns	euch	sie	Sie

再帰代名詞

Er wäscht **sich**. 彼は自分の体を洗います。

 同一人物

人称代名詞

Er hat einen Sohn. 彼には息子がいます。

Er wäscht **ihn**. 彼は息子の体を洗います。

別人物

2. 再帰動詞

再帰代名詞とともに用いられる動詞を再帰動詞と言います。例えばsetzenは「座らせる」という意味を持つ動詞ですが、再帰代名詞とともに用いると「自分自身を座らせる」つまり「座る」という意味に変わります。

ich	setze	mich
du	setzt	dich
er/sie/es	setzt	**sich**
wir	setzen	uns
ihr	setzt	euch
sie/Sie	setzen	**sich**

● 再帰動詞は前置詞を伴い、しばしば熟語を形成します。

sich⁴ über 4格 freuen 　〜を喜ぶ 　　　　sich⁴ für 4格 interessieren 　〜に関心を持つ

sich⁴ auf 4格 freuen 　〜を楽しみにする 　sich⁴ an 4格 erinnern 　　　〜を覚えている

sich⁴ mit 3格 beeilen 　急いで〜する 　　　sich⁴ um 4格 kümmern 　　〜の世話をする

　　✦ sich⁴ は〈再帰代名詞の4格〉という意味です。再帰代名詞は主語に合わせて変化させます。

Ich **freue mich auf** unser Wiedersehen. 　私は私たちの再会を楽しみにしています。

Er **erinnert sich** gut **an** seine Oma. 　彼は彼の祖母のことをよく覚えています。

Übungen

1

空欄に動詞の変化形と再帰代名詞の変化を入れましょう。

	sich⁴ erinnern （覚えている）	sich⁴ freuen （喜ぶ、楽しみにする）	sich⁴ interessieren （関心を持つ）
ich	erinnere mich	freue mich	interessiere mich
du			
er/sie/es			
wir			
ihr			
sie/Sie	erinnern sich	freuen sich	interessieren sich

2

___ に再帰代名詞を、___ に再帰動詞を適切な形にして入れましょう。 🔊087

(1) a: Ich **setze** _____ ans Fenster. _____ Sie _____ auch hierher?
　　　私は窓際に座ります。あなたもこちらに座りますか？

　　b: Ja, danke schön. Ich mag auch Sonnenschein. ありがとう。私も日差しは好きです。

(2) a: Welche Musik hörst du gern? どんな音楽を聴くのが好き？

　　b: Ich **interessiere** _____ für deutsche Popmusik.
　　　ドイツのポップミュージックに興味があります。

3

例にならって文を作りましょう。名詞は1格、動詞は不定詞になっているので正しく変化 🔊088
させてください。

例 mein Opa / auf / das Sofa / sich⁴ setzen /. 私の祖父はソファーに座ります。
　　Mein Opa setzt sich auf das Sofa.

(1) mein Vater / für / Geschichte / sich⁴ interessieren /. 私の父は歴史に関心があります。

　　_____

(2) meine Oma / an / gut / ihre Studienjahre / sich⁴ erinnern /.
　　　　　　　　　　　　　　　　私の祖母は学生時代のことをよく覚えています。

　　_____

(3) er / über / das Geschenk / sich⁴ freuen /. 彼はそのプレゼントを喜んでいます。

　　_____

(4) du / auf / die Party / sich⁴ freuen / ? 君はパーティーを楽しみにしてる？

　　_____

(5) Matthias / mit / die Hausaufgaben / sich⁴ beeilen / . マティーアスは急いで宿題をします。

　　_____

(6) Nadine / um / der Hund / sich⁴ kümmern / . ナディーンは犬の世話をします。

　　_____

補2

4 （　）内に入るものを下から選びましょう。

(1) Thomas geht oft ins Kino. Zu Hause sieht er gern DVDs. Er interessiert sich für
(　　　　　　　).

(2) Martin fotografiert sehr gern. Um schöne Fotos zu machen, hat er bisher viele
Fotoapparate gekauft. Er interessiert sich für (　　　　　　).

(3) Jetzt findet die Ausstellung von Picasso statt. Maria will unbedingt die
Ausstellung besuchen. Sie interessiert sich für (　　　　　　).

(4) Michael geht gern ins Ausland. Er kauft immer viele Souvenirs für seine Familie.
Er interessiert sich für (　　　　　).

(5) Kenta spielt gern Baseball und Fußball. Basketball spielt er auch gern. Er
interessiert sich für (　　　　　).

(6) Anna spielt gern Klavier. Ihre Lieblingskomponisten sind Bach und Schubert. Sie
interessiert sich für (　　　　　).

(7) Stefanie liest gern Romane. Sie mag die Romane von Haruki Murakami. Sie hat
mehrmals „Kafka am Strand" gelesen. Sie interessiert sich für (　　　　　　).

Sport

Filme

Literatur

Kunst

Reisen

Kameras

klassische Musik

5 以下のMichaelの家族紹介文を読んで、再帰代名詞すべてに下線を引き、質問に答えましょう。

Ich heiße Michael. Ich studiere Japanologie. Im nächsten Jahr besuche ich Japan. Ich freue mich jetzt schon auf die Reise nach Japan. Mein Vater Alexander arbeitet als Arzt in einem Krankenhaus. Meine Mutter Claudia ist Hausfrau. Mein Bruder Matthias beeilt sich jeden Tag mit den Hausaufgaben. Meine Schwester Nadine ist 10 Jahre alt und kümmert sich um unseren Hund Bello. Sie wäscht nach jedem Spaziergang seine Pfoten. Wir verstehen uns alle immer gut und lieben uns sehr.

im nächsten Jahr　来年
nach jedem Spaziergang
散歩の後はいつも

(1) Was studiert Michael? _____

(2) Wohin reist Michael? _____

(3) Als was arbeitet Alexander? _____

(4) Was macht Matthias jeden Tag? _____

(5) Wer wäscht die Pfoten von Bello? _____

6 （　）内を参考に、必要な語を補ってドイツ語で書きましょう。

(1) 君は（君の）子どもの頃のことを覚えているかい？
（Kindheit囡［所有冠詞］/ sich⁴ an 4格 erinnern）

(2) 私たちはコンサートを楽しみにしています。
（Konzert田［定冠詞］/ sich⁴ auf 4格 freuen）

(3) 私の息子は絵本に興味があります。
（Sohn男 / Bilderbücher複［無冠詞］/ sich⁴ für 4格 interessieren）

(4) 彼は手紙をもらって喜びました。
（Brief男［定冠詞］/ sich⁴ über 4格 freuen, 現在完了形で）

(5) 私は急いで（私の）仕事をしなければならない。
（sich⁴ mit 3格 beeilen / Arbeit囡［所有冠詞］/ müssen）

補2

接続詞

1. 並列接続詞

語順に影響を与えません。

> **und** そして　　**aber** しかし　　**denn** なぜなら　　**oder** あるいは　　など

Thomas kommt heute nicht, **denn** er hat Fieber.　トーマスは今日来ません。なぜなら彼は熱があるからです。
Aber Maria kommt heute.　しかしマリアは今日来ます。

2. 副詞的接続詞

接続詞として使われますが、あくまで副詞です。副詞的接続詞を先頭に置く場合、「定動詞第2位の原則」に従って、副詞的接続詞の次に定動詞を置きます。

> **dann** それから　　　　　　　　　**trotzdem** それにもかかわらず
> **deshalb / deswegen** だから　　　**sonst** さもないと　　　　　　など

Thomas hat Fieber, **deshalb** kommt er heute nicht.　トーマスは熱があります。だから彼は今日来ません。
　　　　　　　　　　　　　　定動詞（第2位）

3. 従属接続詞

従属接続詞に導かれる文は副文となります。副文の中では定動詞を**最後**に置きます。

> **wenn** 〜するとき、〜ならば　　**obwohl** 〜にもかかわらず　　**da / weil** 〜なので
> **dass** 〜ということ　　**ob** 〜かどうか　　**als** 〜したとき　　**bis** 〜まで　　など

　　　　　─主文─　　　　　　─副文─
Thomas kommt heute nicht, **weil** er Fieber **hat**.　トーマスは熱があるので、今日来ません。

主文（ひとつの文で意味が完結する文）と副文はコンマで区切ります。なお、副文を先行させることもできます。その場合、副文を一つの大きなまとまりと見なします。「定動詞第2位の原則」によって次に主文の定動詞を置きます。

　　　　　　─副文─　　　　　　　─主文─
Weil Thomas Fieber **hat**, kommt er heute nicht.　トーマスは熱があるので、今日来ません。
大きなまとまり 1番目　　定動詞 第2位

間接疑問文も副文となります。

ja, nein を問う疑問文の場合は、「ob（〜かどうか） ... 定動詞」

Ich weiß nicht, ob er **kommt**.　　　　　彼が来るかどうか、私は知りません。

疑問詞を用いた疑問文の場合は、「疑問詞 ... 定動詞」

Ich weiß nicht, wann er **kommt**.　　　　彼がいつ来るのか、私は知りません。

1 ( ) 内に並列接続詞を入れましょう。

(1) Der Junge isst viel, ( ) er hat großen Hunger.
その少年はたくさん食べます。なぜならとてもお腹がすいているからです。

(2) Das Wetter ist nicht so schön. ( ) wir machen einen Ausflug.
天気があまりよくありません。けれども私たちは遠足に出かけます。

(3) Ich bleibe heute zu Hause, ( ) ich habe Fieber.
私は今日家にいます。なぜなら熱があるからです。

(4) Trinkst du Kaffee ( ) Tee? —— Kaffee, bitte.
コーヒーを飲む? それともお茶を飲む? ——コーヒーをください。

2 ( ) 内の副詞的接続詞を使って二つの文をつなげましょう。

(1) Der Junge hat großen Hunger. Er isst viel. (deshalb)

_____
その少年はとてもお腹がすいているので、たくさん食べます。

(2) Das Wetter ist nicht so schön. Wir machen einen Ausflug. (trotzdem)

_____
天気があまりよくありません。それにもかかわらず私たちは遠足に出かけます。

(3) Ich habe Fieber. Ich bleibe heute zu Hause. (deswegen)

_____
私は熱があるので、今日は家にいます。

(4) Du musst dich beeilen. Du kommst zu spät. (sonst)

_____
急がないといけないよ、さもないと遅れるよ。

3 従属接続詞wenn (〜ならば) を使って二つの文をつなげましょう。主文・副文のどちらが
前でも構いません。

(1) Ich spiele Gitarre. Ich habe Zeit.

_____
時間があれば、私はギターを弾きます。

(2) Thomas geht ins Kino. Er hat Zeit.

_____
時間があれば、トーマスは映画を見に行きます。

(3) Ryota hört Radio. Das Wetter ist schlecht.

_____
天気が悪ければ、リョウタはラジオを聴きます。

(4) Mayumi arbeitet im Garten. Das Wetter ist schön.

_____
天気がよければ、マユミは庭仕事をします。

補3

4

パートナーと協力して、友人たちが「天気がよいとき／悪いとき／時間のあるときにすること」を空欄に入れていきましょう。空欄に入れる語は　　内から選んでください。例文と　　内の語の発音を確認してから始めましょう。

例 Was macht Thomas, wenn das Wetter schön ist? — Thomas spielt Fußball.
Was macht Thomas, wenn er Zeit hat? — Thomas ...

[Was machst du, wenn das Wetter schön ist? — Ich ...]
[Was machst du, wenn du Zeit hast? — Ich ...]

spielt Fußball (サッカーをする)	spielt Tennis (テニスをする)	arbeitet im Garten (庭仕事をする)
sieht DVDs (DVDを見る)	spielt Gitarre (ギターを弾く)	lernt Deutsch (ドイツ語を勉強する)
geht ins Kino (映画に行く)	liest Bücher (本を読む)	geht einkaufen (買い物に行く)
hört Radio (ラジオを聴く)	sieht fern (テレビを見る)	macht einen Spaziergang (散歩する)

	wenn das Wetter schön ist	wenn das Wetter schlecht ist	wenn er/sie Zeit hat
Thomas	**spielt Fußball**		
Maria	spielt Tennis	liest Bücher	geht einkaufen
Mayumi			
Ryota	macht einen Spaziergang	hört Radio	spielt Gitarre
ich			
Partner/-in			

5

ThomasとMariaが明日の予定について電話で話しています。以下の質問に答えましょう。

Thomas: Ich möchte dich fragen, was du morgen machst?

Maria: Ich gehe ins Schwimmbad.

Thomas: Ins Schwimmbad? Ich fahre morgen mit dem Fahrrad zum Bodensee. Wenn du Zeit und Lust hast, kommst du auch mit? Ich glaube, dass wir im Bodensee schwimmen können!

Maria: Ja, gerne! Aber haben wir morgen schönes Wetter?

Thomas: Im Radio habe ich gehört, dass wir morgen schönes Wetter haben. Aber wenn das Wetter schlecht ist, gehen wir zusammen ins Schwimmbad!

Maria: Okay. Auf jeden Fall freue ich mich, dass wir uns morgen treffen.

(1) Was machen Thomas und Maria, wenn sie morgen schönes Wetter haben?

_____

(2) Was machen Thomas und Maria, wenn sie morgen schlechtes Wetter haben?

_____

B パートナーと協力して、友人たちが「天気がよいとき／悪いとき／時間のあるときにすること」を空欄に入れていきましょう。空欄に入れる語は　　内から選んでください。例文と　　内の語の発音を確認してから始めましょう。

例 Was macht Thomas, wenn das Wetter schön ist? — Thomas spielt Fußball.
Was macht Thomas, wenn er Zeit hat? — Thomas ...

[Was machst du, wenn das Wetter schön ist? — Ich ...]
[Was machst du, wenn du Zeit hast? — Ich ...]

> spielt Fußball (サッカーをする)　spielt Tennis (テニスをする)　arbeitet im Garten (庭仕事をする)
> sieht DVDs (DVDを見る)　spielt Gitarre (ギターを弾く)　lernt Deutsch (ドイツ語を勉強する)
> geht ins Kino (映画に行く)　liest Bücher (本を読む)　geht einkaufen (買い物に行く)
> hört Radio (ラジオを聴く)　sieht fern (テレビを見る)　macht einen Spaziergang (散歩する)

	wenn das Wetter schön ist	wenn das Wetter schlecht ist	wenn er/sie Zeit hat
Thomas	**spielt Fußball**	sieht fern	geht ins Kino
Maria			
Mayumi	arbeitet im Garten	sieht DVDs	lernt Deutsch
Ryota			
ich			
Partner/-in			

---

6 （　　）内を参考に、必要な語を補ってドイツ語で書きましょう。

(1) 私は熱があるので、ベッドで横になっています。
　 (Fieber [無冠詞] / haben / im Bett / liegen)

_____

(2) 時間があれば、私は子どもたちと野球をします。
　 (Zeit [無冠詞] / haben / mit den Kindern / Baseball / spielen)

_____

(3) 彼は明日早く起きなければならないにもかかわらず、まだテレビを見ています。
　 (morgen / früh / auf|stehen / müssen / noch / fern|sehen)

_____

(4) 彼女がハンブルクへ行くことを君は知っているの？
　 (nach Hamburg / fahren / wissen)

_____

(5) 彼らは疲れているにもかかわらず、残業をします。
　 (müde / Überstunden [無冠詞] / machen)

_____

補3

関係代名詞

1. 定関係代名詞

先行詞を必要とする関係代名詞を定関係代名詞と言います。

	男性	女性	中性	複数
1格	der	die	das	die
2格	**dessen**	**deren**	**dessen**	**deren**
3格	dem	der	dem	**denen**
4格	den	die	das	die

● 関係代名詞は①先行詞の「性・数」と②関係文（関係代名詞に導かれる文）における先行詞の役割（格）によって決定されます。

● 関係文も副文ですので、定動詞を最後に置きます。

● 関係文の前後はコンマで区切ります。

Sie hat einen Freund, **der** sehr gut Gitarre *spielt*.
彼女にはとても上手にギターを弾くボーイフレンドがいます。

Sie hat einen Freund, **dessen** Haare blond *sind*.
彼女には髪の毛がブロンドのボーイフレンドがいます。

Sie hat einen Freund, **dem** sie jeden Tag E-Mails *schreibt*.
彼女には、彼女が毎日メールを書くボーイフレンドがいます。

Sie hat einen Freund, **den** sie herzlich *liebt*.
彼女には心から愛しているボーイフレンドがいます。

関係代名詞と前置詞が結びついて用いられる場合もあります。

Sie hat einen Freund, mit **dem** sie oft ins Konzert *geht*.
彼女には、よく一緒にコンサートに行くボーイフレンドがいます。

2. 不定関係代名詞

不定関係代名詞werとwasは先行詞を必要としません。

wer：「（およそ）〜する人」

Wer fremde Sprachen nicht *kennt*, weiß nichts von seiner eigenen (Sprache).
外国語を知らない者は、自国語について何も知らない。[ゲーテ]

was：「〜すること・もの」（wasはallesやnichtsなどの先行詞を取ることもあります）

Was Sie mir gesagt *haben*, ist nicht wahr. あなたが私に言ったことは本当ではありません。

Das ist alles, **was** ich *weiß*. これが私が知っているすべてです。

Übungen

1 ( )内に定関係代名詞を入れましょう。

(1) Die Frau囡, ( ) dort sitzt, ist meine Lehrerin.
そこに座っている女性は私の先生です。

(2) Wie heißt der Student男, ( ) dort sehr gut Gitarre spielt?
そこでとても上手にギターを弾いている男子学生は何という名前ですか？

(3) Kennst du die Studentin囡, ( ) Vater Deutscher ist?
お父さんがドイツ人の女子学生のことを君は知っているかい？

(4) Wer ist die Frau囡, mit ( ) du gestern ins Kino gegangen bist?
君が昨日一緒に映画を見に行った女性は誰なんだい？

(5) Der Film男, ( ) ich gestern gesehen habe, war sehr langweilig.
私が昨日見た映画はとても退屈だった。

2 Thomasにはガールフレンドがいます。彼女のことを定関係代名詞を使って説明しましょう。

(1) Die Freundin wohnt in Tokio.

Thomas hat eine Freundin, _____
トーマスには東京に住んでいるガールフレンドがいます。

(2) Er liebt die Freundin herzlich.

Thomas hat eine Freundin, _____
トーマスには心から愛しているガールフレンドがいます。

(3) Er möchte mit der Freundin zusammen leben.

Thomas hat eine Freundin, _____
トーマスには一緒に暮らしたいガールフレンドがいます。

3 ( )内に正しい定関係代名詞を入れましょう。

(1) a: Wer ist die Frau囡, ( ) an der Tür steht? ドアの所に立っている女性は誰？
   b: Das ist Stefanie. シュテファニーです。

(2) a: Wer ist der Mann男, ( ) mit Stefanie spricht? シュテファニーと話している男性は誰？
   b: Das ist Martin. マーティンです。

(3) a: Wer ist die Frau囡, ( ) auf dem Sofa sitzt? ソファーに座っている女性は誰？
   b: Das ist Monika. モニカです。

(4) a: Wer ist der Mann男, ( ) auf dem Balkon raucht? ベランダで喫煙している男性は誰？
   b: Das ist Thomas. トーマスです。

(5) a: Wer ist die Frau囡, ( ) Klavier spielt? ピアノを弾いている女性は誰？
   b: Das ist Anna. アンナです。

(6) a: Wer ist der Mann男, ( ) eine Sonnenbrille trägt? サングラスをしている男性は誰？
   b: Das ist Kenta. ケンタです。

補4

79

4

関係代名詞を使ってパートナーに質問し、イラストの人物の名前を教えてもらいましょう。

例 Wer ist die Frau, die an der Tür steht? —— Das ist Stefanie.
　　Wer ist der Mann, der ....? —— Das ist (　　　　　　).

Auf der Party

Thomas raucht auf dem Balkon.

.... trinkt Wein.

.... spricht mit Stefanie.

Kenta trägt eine Sonnenbrille.

Stefanie steht an der Tür.

Monika sitzt auf dem Sofa.

.... spielt Klavier.

5

ゲーテの『若きヴェルターの悩み』(1774年) の概要を読んで以下の質問に答えましょう。

„Die Leiden des jungen Werthers" ist ein Roman, den Goethe geschrieben hat. In diesem Roman geht es um die Liebe und den Tod eines jungen Mannes: In einem Dorf lernt Werther eine schöne Frau kennen, die schon mit einem Mann verlobt ist. Lotte heißt sie. Sie ist eine kulturell interessierte Frau, die sehr gern Bücher liest. Werther ist auch ein gebildeter Mann, der Kunst und Literatur liebt. Deswegen möchte Werther gern mit ihr zusammen sein. Aber ihr Verlobter, der Albert heißt, ist auch für Lotte wichtig, weil er ein zuverlässiger Mann ist. Werther verlässt die Gegend, um Lotte zu vergessen. Aber später kommt er in die Stadt zurück, in der sie wohnt. Mit der Pistole, die er von Albert geliehen hat, erschießt er sich.

(1) 関係代名詞すべてに下線を引きましょう。

(2) Wen liebt Werther?

_____

(3) Was macht er schließlich?

_____

> es geht um 4格　～がテーマとなっている
> kennen‖lernen　～と知り合いになる
> verlobt 婚約した　　kulturell 文化的な
> interessiert 関心のある
> gebildet 教養のある　　Verlobter 婚約者
> zuverlässig 信頼のおける

B 関係代名詞を使ってパートナーに質問し、イラストの人物の名前を教えてもらいましょう。

例 Wer ist die Frau, die an der Tür steht? —— Das ist Stefanie.
Wer ist der Mann, der ....? —— Das ist ( ).

Auf der Party

raucht auf dem Balkon.

Martin spricht mit Stefanie.

Maria trinkt Wein.

trägt eine Sonnenbrille.

Stefanie steht an der Tür.

sitzt auf dem Sofa.

Anna spielt Klavier.

---

6 ( ) 内を参考に、必要な語を補ってドイツ語で書きましょう。 103

(1) そこに立っている男性をあなたは知っていますか？
（dort / stehen / Mann男［定冠詞］/ kennen）

___

(2) 彼女が最近購入した時計は高価です。
（neulich / kaufen / Uhr女［定冠詞］/ teuer）

___

(3) 君が明日訪問する家族はどこに住んでいるの？
（morgen / besuchen / Familie女［定冠詞］/ wo / wohnen）

___

(4) 彼女が料理するものはおいしい。
（kochen / schmecken / gut / wasを用いて）

___

(5) 彼が住んでいる住居はとても狭い。
（Wohnung女［定冠詞］/ klein / sehr）

補4

___

受動態

1. 動作受動：（…によって）〜される

主語 ＋ werden ⋯⋯ 過去分詞（文末）

～によって		
von	＋	3格（人）
durch	＋	4格（原因・理由）

Das Kind **wird** von der Mutter **gelobt**.

その子どもは母親に褒められる。（現在形）

Das Kind **wurde** von der Mutter **gelobt**.

その子どもは母親に褒められた。（過去形）

Das Kind **ist** von der Mutter **gelobt worden**.

その子どもは母親に褒められた。（現在完了形）

	現在形（〜される）	過去形（〜された）	現在完了形（〜された）
ich	werde ⋯ gelobt	wurde ⋯ gelobt	bin ⋯ gelobt worden
du	wirst ⋯ gelobt	wurdest ⋯ gelobt	bist ⋯ gelobt worden
er/sie/es	wird ⋯ gelobt	wurde ⋯ gelobt	ist ⋯ gelobt worden
wir	werden ⋯ gelobt	wurden ⋯ gelobt	sind ⋯ gelobt worden
ihr	werdet ⋯ gelobt	wurdet ⋯ gelobt	seid ⋯ gelobt worden
sie/Sie	werden ⋯ gelobt	wurden ⋯ gelobt	sind ⋯ gelobt worden

2. 状態受動：〜されている

主語 ＋ sein ⋯⋯ 過去分詞（文末）

Die Tür **ist geöffnet**.　ドアが開いている。（状態受動）

（Die Tür wird geöffnet.）　ドアが開けられる。（動作受動）

3. その他の受動的表現

（1） sein ＋ ⋯⋯ zu 不定詞 ：〜されうる（受動＋可能）、〜されねばならない（受動＋義務）

Das Buch **ist** leicht **zu verstehen**.　　その本は簡単に理解できる。（簡単に理解されうる）

Die Aufgabe **ist** bis Freitag **abzugeben**.　　その課題は金曜日までに提出しなければならない。
（提出されねばならない）

（2） lassen ＋ sich⁴ ＋ ⋯⋯ 不定詞 ：〜されうる（受動＋可能）

Das Buch **lässt** sich leicht **verstehen**.　　その本は簡単に理解できる。（簡単に理解されうる）

（3） 上記は 助動詞 ＋ ⋯⋯ 受動 で言い換えることができます。

Das Buch **kann** leicht **verstanden werden**.　　その本は簡単に理解できる。（簡単に理解されうる）

Die Aufgabe **muss** bis Freitag **abgegeben werden**.

その課題は金曜日までに提出しなければならない。
（提出されねばならない）

1 下線部にwerdenの変化形と過去分詞を入れましょう。(1)～(3)は現在形、(4)～(6)は過去形です。

(1) Die Suppe囡 _____ aus Tomaten _____. (machen) 🔊105
そのスープはトマトから作られる。

(2) Der Vater围 _____ von den Kindern _____. (lieben)
父親は子どもたちに愛される。

(3) Die Enkelkinder複 _____ von den Großeltern _____. (loben)
孫たちは祖父母に褒められる。

(4) Die Gedichte複 _____ von Heine _____. (schreiben)
それらの詩はハイネによって書かれた。

(5) Die Hauptrolle囡 _____ von Moritz Bleibtreu _____. (spielen)
主役はモーリッツ・ブライプトロイによって演じられた。

(6) Die Berliner Mauer囡 _____ 1961 _____. (bauen)
ベルリンの壁は1961年に建てられた。

2 状態受動の文を作りましょう。すべて現在形です。 🔊106

(1) 窓（Fenster田［定冠詞］）が開いている（öffnen）。

(2) そのレストラン（Restaurant田［定冠詞］）はいつも（immer）閉まっている（schließen）。

(3) 靴（Schuhe複［定冠詞］）はすでに（schon）磨いてある（putzen）。

(4) その自動車（Auto田［定冠詞］）はもう（schon）修理してある（reparieren）。

(5) そのプレゼント（Geschenk田）はきれいに（schön）包装してある（ein|packen）。

3 以下の文を受動文または受動的表現に書き換えましょう。 🔊107

(1) Er liebt die Frau囡.　　　彼はその女性を愛している。

(2) Der Mechaniker围 repariert das Auto.　　整備士がその車を修理する。

(3) Man kann die Aufgabe囡 leicht lösen.　その課題は容易に解ける。（三通りの解答が可能です）

82頁、3の
(1)(2)(3)を参照

補5

4 （　　）内に入る人名を □ 内から選びましょう。 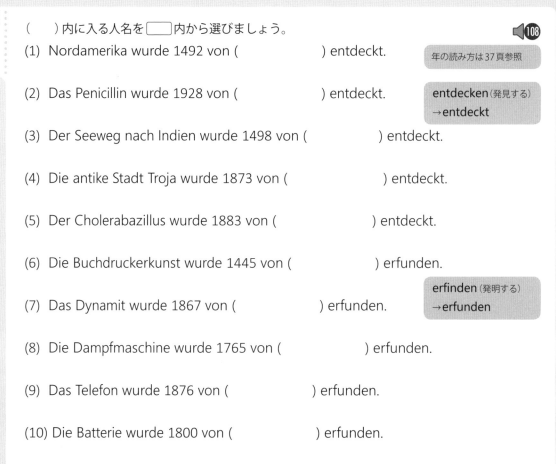 🔊 108

(1) Nordamerika wurde 1492 von (　　　　　　　) entdeckt.

年の読み方は37頁参照

(2) Das Penicillin wurde 1928 von (　　　　　　　) entdeckt.

entdecken（発見する）
→entdeckt

(3) Der Seeweg nach Indien wurde 1498 von (　　　　　　) entdeckt.

(4) Die antike Stadt Troja wurde 1873 von (　　　　　　) entdeckt.

(5) Der Cholerabazillus wurde 1883 von (　　　　　) entdeckt.

(6) Die Buchdruckerkunst wurde 1445 von (　　　　　) erfunden.

erfinden（発明する）
→erfunden

(7) Das Dynamit wurde 1867 von (　　　　　) erfunden.

(8) Die Dampfmaschine wurde 1765 von (　　　　　) erfunden.

(9) Das Telefon wurde 1876 von (　　　　) erfunden.

(10) Die Batterie wurde 1800 von (　　　　) erfunden.

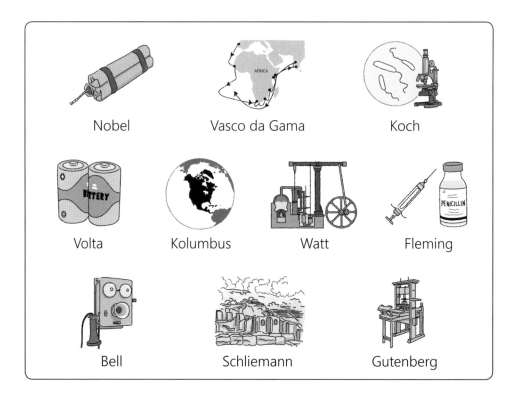

Nobel　　　Vasco da Gama　　　Koch

Volta　　　Kolumbus　　　Watt　　　Fleming

Bell　　　Schliemann　　　Gutenberg

5 以下の文を読んで質問に答えましょう。

Seit 1903 werden Bananen aus Taiwan nach Japan importiert. Seit 1925 werden Bananen in Japan verkauft. Besonders in Kyushu wurden viele Bananen gehandelt. Nur wenige Bananen wurden in der Meiji- und Taisho-Zeit gegessen, weil sie zu teuer für das gemeine Volk waren. Deswegen wurden Bananen als Geschenk gehandelt oder für Kranke gekauft.

Auch im 21. Jahrhundert werden Bananen von vielen Leuten geliebt. In Deutschland sind Bananen sehr populär. Sie werden mit Müsli, Joghurt und Keksen gegessen. Kleine Kinder essen gern Bananenkuchen, die von Großmüttern gebacken werden.

> seit 〜以来　importieren 輸入する　verkaufen 売る　handeln 取引する　wenig わずかな
> das gemeine Volk 一般庶民　Kranke 病人　Müsli ミューズリ（オートミールや果物を牛乳にひたしたもの）
> Keks ビスケット　Bananenkuchen バナナケーキ（Bananen + Kuchen）

(1) werden の変化形と過去分詞すべてに下線を引きましょう。

(2) Seit wann werden Bananen in Japan verkauft? _____

(3) Wie isst man Bananen in Deutschland? _____

(4) Was essen kleine Kinder gern? _____

6 （　　）内を参考に、必要な語を補ってドイツ語で書きましょう。

(1) ドアが彼によって閉められる。
（Tür 囡［定冠詞］/ schließen）

_____

(2) 『若きヴェルターの悩み』はGoetheによって書かれた。
（„Die Leiden des jungen Werthers" / schreiben, 過去形で）

_____

(3) その指輪はすでに磨かれてある。
（Ring 圐 / schon / polieren, 状態受動で）

_____

(4) 三日前にその時計は修理された。
（vor drei Tagen / Uhr 囡 / reparieren, 過去形で）

_____

(5) その男性はすぐに手術されねばならない。
（Mann 圐 / sofort / operieren）

_____

比較表現

1. 比較級・最上級の作り方

● 比較級は原級に -er、最上級は原級に -st を付けます。
● 短い語でウムラウト可能なものは多くがウムラウトします。

原級		比較級 (-er)	最上級 (-st)
klein	小さい	klein**er**	klein**st**
lang	長い	läng**er**	läng**st**
alt	年を取った	**ä**lt**er**	**ä**lt**e**st
groß	大きい	gr**öß**er	gr**öß**t (st→t)
hoch	高い	h**öh**er (ch→h)	h**öch**st
gut	よい	**besser**	**best**
gern	好んで (副詞)	**lieber**	**am liebsten**

口調上の -e

2. 比較級・最上級の用法

比較級・最上級が名詞を修飾する場合、形容詞の語尾が付きます (54頁参照)。

> Ich habe meinen **best**en Freund verloren.　　私は親友を失った。

「AはBよりも…だ」という場合、 比較級 ＋ als を用います。

> Klaus ist **größer als** Thomas.　　　　　　クラウスはトーマスよりも大きい。

「Aが最も…だ」という場合、決まった二つの形があります。

der (die, das) ＋ 最上級 e （＋名詞）

am ＋ 最上級 en

形容詞の語尾 (弱変化)

Klaus ist { **der** größt**e** (Mann) / **am** größt**en** } in der Klasse.　　クラウスはクラスで最も大きい (男の人) です。

Nina ist { **die** kleinst**e** (Frau) / **am** kleinst**en** } in der Klasse.　　ニーナはクラスで最も小さい (女の人) です。

副詞の最上級は常に am ＋ 最上級 en です。

> Ich trinke **lieber** Bier **als** Wein.　　　　　私はワインよりもビールが好きです。
> Aber ich trinke **am liebsten** Sake.　　　　しかし私が一番好きなのは日本酒です。

> Anna tanzt **besser als** Maria.　　　　　　アンナはマリアよりもダンスが上手です。
> Aber Monika tanzt **am besten** von allen.　しかしモニカは皆の中で最もダンスが上手です。

Übungen

1 下線部に（　　）内の形容詞を比較級にして入れましょう。　🔊112

(1) Der Zug fährt _____ als das Auto. (schnell)　列車は車よりも速い。

(2) Ich bin zwei Jahre _____ als mein Bruder. (alt)　私は弟よりも2歳年上です。

(3) Ich trinke _____ Kaffee als Tee. (gern)　私はお茶よりもコーヒーが好きです。

(4) Mein Bruder ist _____ als ich. (groß)　私の弟は私よりも背が高い。

(5) Sie spielt _____ Klavier als ich. (gut)　彼女は私よりも上手にピアノを弾きます。

(6) Heute ist es _____ als gestern. (warm)　今日は昨日よりも暖かい。

(7) Deutschland ist _____ als Japan. (klein)　ドイツは日本よりも小さい。

2 例にならって下線部に（　　）内の形容詞を最上級にして入れましょう。　🔊113

例 Der Student ist _am fleißigsten_ . (fleißig)　その男子学生が最もまじめだ。

(1) Sie läuft in der Klasse _____ . (schnell)　彼女はクラスで最も速く走ります。

(2) Die Sonne scheint _____ . (hell)　太陽が最も明るく輝く。

(3) Das Bild ist _____ . (schön)　その絵が一番きれいだ。

(4) Dieser Kuchen schmeckt mir _____ . (gut)　このケーキが私には一番おいしい。

(5) _____ trinke ich dunkles Bier. (gern)　私は黒ビールが一番好きです。

(6) Der Fuji ist in Japan _____ . (hoch)　富士山は日本で一番高い。

(7) Er ist unter uns _____ . (jung)　彼は私たちの中で最も若い。

3 例にならって比較級・最上級を使って書きましょう。　🔊114

例 eine Katze < ein Hund < ein Elefant (groß)

　Ein Hund ist größer als eine Katze. Aber ein Elefant ist am größten.

(1) ein Fahrrad < ein Auto < ein Zug (schnell)

　Ein Auto ist...

(2) ein Fahrrad < ein Motorrad < ein Auto (teuer)

　Ein Motorrad ist...

(3) ein Haus < eine Kirche < ein Turm (hoch)

　Eine Kirche ist...

補6

87

4

三つの選択肢の中から正しい解答を選びましょう。

(1) Welche Insel ist am größten?

    a. Grönland
    b. Madagaskar
    c. Sumatra

(2) Welche Universität ist in Deutschland am ältesten?

    a. Universität Heidelberg
    b. Universität Mainz
    c. Universität Freiburg

(3) Welcher Sport ist in Deutschland am beliebtesten?

    a. Fußball
    b. Ski
    c. Handball

(4) Welcher Berg ist in Deutschland am höchsten?

    a. Die Zugspitze
    b. Der Brocken
    c. Der Zauberberg

(5) Welches alkoholische Getränke trinkt man in Deutschland am liebsten?

    a. Wodka
    b. Bier
    c. Whisky

(6) Welcher Turm ist am höchsten?

    a. Tokyo Skytree
    b. Burj Khalifa
    c. Der Berliner Fernsehturm

(7) Welches Tier läuft am schnellsten?

    a. Der Panther
    b. Der Gepard
    c. Der Löwe

(8) Wann ist der Tag am längsten? (auf der Nordhalbkugel)

    a. am 21. oder 22. Juni
    b. am 21. oder 22. Juli
    c. am 21. oder 22. August

(9) Welcher Fluss ist am längsten?

    a. Der Rhein
    b. Der Nil
    c. Der Amazonas

(10) Welches Tier ist am größten?

    a. Der Elefant
    b. Das Nilpferd
    c. Das Nashorn

(11) Welcher Kontinent ist am kleinsten?

    a. Afrika
    b. Nordamerika
    c. Australien

(12) Welcher Planet ist der Sonne am nächsten?

    a. Der Merkur
    b. Die Venus
    c. Die Erde

5

以下の文を読んで問いに答えましょう。

Meine Damen und Herren. Kommen Sie noch näher und sehen Sie dieses wunderbare Messer. Mit diesem Messer kann man alles schneiden! Nicht nur hartes Brot, sondern auch weiche Tomaten kann man schärfer und schöner als bisher schneiden. Das ist keine Lüge! Ich bin ein ehrlicher Mann! Das ist das beste Messer der Welt! Es kostet nur 19,99 €. Heute ist es besonders günstig. Ich empfehle Ihnen, es gleich zu kaufen.

(1) 比較級・最上級すべてに下線を引きましょう。

(2) 上の文はどのような場面を描いていますか？

① レストラン　　② 八百屋　　③ 実演販売

6

（　　）内を参考に、必要な語を補ってドイツ語で書きましょう。

(1) 私の父は私の母よりも2歳年下です。
（Vater圐 / Mutter囡 / zwei Jahre / jung）

(2) ドナウ川はライン川よりも長い。
（die Donau / der Rhein / lang）

(3) 私の一番好きな食べ物は寿司です。
（gern / essen / Sushi）

(4) 私の車が一番速く走ります。
（Auto囲 / schnell / fahren）

(5) 彼はこの町で一番の金持ちだ。
（in dieser Stadt / reich）

著者紹介

　林　久博（はやし　ひさひろ）
　　中京大学教授

　鶴田涼子（つるた　りょうこ）
　　明星大学准教授

ともに学ぶドイツ語 ［三訂版］

2023 年 2 月 1 日　印刷
2023 年 2 月 10 日　発行

著　者© 　林　　　久　博
　　　　　鶴　田　涼　子
発行者　　及　川　直　志
印刷所　　株式会社三秀舎

101-0052 東京都千代田区神田小川町 3 の 24
発行所　電話 03-3291-7811（営業部）, 7821（編集部）　株式会社　白水社
　　　　www.hakusuisha.co.jp
　　　　乱丁・落丁本は、送料小社負担にてお取り替えいたします。

振替 00190-5-33228　　　　Printed in Japan　　　　株式会社島崎製本

ISBN978-4-560-06437-5

◆ 独和と和独が一冊になったハンディな辞典 ◆

パスポート独和・和独小辞典

諏訪 功［編集代表］ 太田達也／久保川尚子／境 一三／三ッ石祐子［編集］

独和は見出し語数1万5千の現代仕様. 新旧正書法対応で, 発音はカタカナ表記.
和独5千語は新語・関連語・用例も豊富. さらに図解ジャンル別語彙集も付く.
学習や旅行に便利. （2色刷）B小型 557頁 定価3520円（本体3200円）

入門書・初級文法書

ドイツ語のしくみ《新版》
清野智昭 著
B6変型 146頁 定価1430円（本体1300円）

言葉には「しくみ」があります. まず大切なのは
全体を大づかみに理解すること. 最後まで読み通
すことができる画期的な入門書！

わたしのドイツ語 32のフレーズでこんなに伝わる
田中雅敏 著 （2色刷）【CD付】
A5判 159頁 定価1870円（本体1700円）

32のフレーズだけで気持ちが伝え合える！ 「わ
たし」と「あなた」の表現だけだから, すぐに使
える. 前代未聞のわかりやすさの「超」入門書！

スタート! ドイツ語A1
岡村りら／矢羽々崇／山本 淳／渡部重美／
アンゲリカ・ヴェルナー 著（2色刷）【CD付】
A5判 181頁 定価2420円（本体2200円）

買い物や仕事, 身近なことについて, 簡単な言葉
でコミュニケーションすることができる. 全世界
共通の語学力評価基準にのっとったドイツ語入門
書. 全18ユニット. 音声無料ダウンロード.

スタート! ドイツ語A2
岡村りら／矢羽々崇／山本 淳／渡部重美／
アンゲリカ・ヴェルナー 著（2色刷）
A5判 190頁 定価2640円（本体2400円）

短い簡単な表現で身近なことを伝えられる. 話す・
書く・聞く・読む・文法の全技能鍛える, 新たな言
語学習のスタンダード（ヨーロッパ言語共通参照枠）
準拠. 音声無料ダウンロード.

必携ドイツ文法総まとめ（改訂版）
中島悠爾／平尾浩三／朝倉 巧 著（2色刷）
B6判 172頁 定価1760円（本体1600円）

初・中級を問わず座右の書！ 初学者の便を考え抜
いた文法説明や変化表に加え, 高度の文法知識を必
要とする人の疑問にも即座に答えるハンドブック.

1日15分で基礎から中級までわかる
みんなのドイツ語
荻原耕平／畠山 寛 著（2色刷）
A5判 231頁 定価2420円（本体2200円）

大きな文字でドイツ語の仕組みを1から解説. 豊
富な例文と簡潔な表でポイントが一目でわかる.
困ったときに頼りになる一冊.

問題集

書き込み式 ドイツ語動詞活用ドリル
櫻井麻美 著
A5判 175頁 定価1320円（本体1200円）

動詞のカタチを覚えることがドイツ語学習の基本. こ
の本はよく使う基本動詞, 話法の助動詞のすべての
活用を網羅した初めての1冊.

ドイツ語練習問題3000題（改訂新版）
尾崎盛景／稲田 拓 著
A5判 194頁 定価1980円（本体1800円）

ドイツ語の基本文法, 作文, 訳読をマスターするた
めの問題集. 各課とも基礎問題, 発展問題, 応用問
題の3段階式で, 学習者の進度に合わせて利用可能.

つぶやきのドイツ語
1日5題文法ドリル 筒井友弥 著
四六判 237頁 定価1980円（本体1800円）

ツイッターから生まれた肩の凝らないドイツ語練
習問題集. ひとつのテーマは5日間で完成. ヒン
トや文法のおさらい付き. 全50課.

単語集

例文活用 ドイツ重要単語4000
（改訂新版）羽鳥重雄／平塚久裕 編（2色刷）
B小型 206頁 定価2200円（本体2000円）

abc順配列の第一部では使用頻度の高い簡明な例文を
付し, 第二部では基本語・関連語を45場面ごとにま
とめて掲げました. 初級者必携.

検定対策

独検対策 4級・3級問題集（四訂版）
恒吉良隆 編著 【CD2枚付】
A5判 195頁 定価2530円（本体2300円）

過去問の出題傾向を分析し, 学習のポイントと類題
で必要な文法事項をマスターする, ベストセラーの
最新版. 基本単語1700語付.

新 独検対策4級・3級必須単語集
森 泉／クナウプ ハンス・J 著【CD2枚付】
四六判 223頁 定価2530円（本体2300円）

独検4級・3級に必要な基本単語が300の例文で確
認できます. 付属CDには各例文のドイツ語と日本語
を収録. 聞き取り練習も用意.

重版にあたり, 価格が変更になることがありますので, ご了承ください.

不規則変化動詞

不　定　詞	過去基本形	過去分詞	直説法現在	接続法 II
befehlen 命じる	**befahl**	**befohlen**	ich befehle du befiehlst er befiehlt	beföhle/ befähle
beginnen 始める, 始まる	**begann**	**begonnen**		begänne/ 稀 begönne
beißen 噛む	**biss** du bissest	**gebissen**		bisse
biegen 曲がる(s); 曲げる(h)	**b<u>o</u>g**	**geb<u>o</u>gen**		b<u>ö</u>ge
bieten 提供する	**b<u>o</u>t**	**geb<u>o</u>ten**		b<u>ö</u>te
binden 結ぶ	**band**	**gebunden**		bände
bitten 頼む	**b<u>a</u>t**	**geb<u>e</u>ten**		b<u>ä</u>te
blasen 吹く	**blies**	**gebl<u>a</u>sen**	ich bl<u>a</u>se du bl<u>ä</u>st er bl<u>ä</u>st	bliese
bleiben とどまる(s)	**blieb**	**geblieben**		bliebe
braten (肉を)焼く	**briet**	**gebr<u>a</u>ten**	ich br<u>a</u>te du br<u>ä</u>tst er br<u>ä</u>t	briete
brechen 破れる(s); 破る(h)	**br<u>a</u>ch**	**gebrochen**	ich breche du brichst er bricht	br<u>ä</u>che
brennen 燃える, 燃やす	**brannte**	**gebrannt**		brennte
bringen もたらす	**brachte**	**gebracht**		brächte
denken 考える	**dachte**	**gedacht**		dächte
dringen 突き進む(s)	**drang**	**gedrungen**		dränge

不 定 詞	過去基本形	過 去 分 詞	直説法現在	接 続 法 II
dürfen …してもよい	**durfte**	**gedurft**/ **dürfen**	ich darf du darfst er darf	dürfte
empfehlen 勧める	**empfahl**	**empfohlen**	ich empfehle du empfiehlst er empfiehlt	empföhle/ empfähle
essen 食べる	**a̱ß**	**gegessen**	ich esse du isst er isst	ä̱ße
fahren (乗物で)行く (s, h)	**fuhr**	**gefahren**	ich fahre du fährst er fährt	führe
fallen 落ちる(s)	**fiel**	**gefallen**	ich falle du fällst er fällt	fiele
fangen 捕える	**fing**	**gefangen**	ich fange du fängst er fängt	finge
finden 見つける	**fand**	**gefunden**		fände
fliegen 飛ぶ(s, h)	**flo̱g**	**geflo̱gen**		flö̱ge
fliehen 逃げる(s)	**floh**	**geflohen**		flöhe
fließen 流れる(s)	**floss**	**geflossen**		flösse
fressen (動物が)食う	**fra̱ß**	**gefressen**	ich fresse du frisst er frisst	frä̱ße
frieren 寒い, 凍る (h, s)	**fro̱r**	**gefro̱ren**		frö̱re
geben 与える	**ga̱b**	**gege̱ben**	ich ge̱be du gi̱bst er gibt	gä̱be
gehen 行く(s)	**ging**	**gegangen**		ginge
gelingen 成功する(s)	**gelang**	**gelungen**	es gelingt	gelänge
gelten 通用する	**galt**	**gegolten**	ich gelte du giltst er gilt	gälte/ gölte

不 定 詞	過去基本形	過 去 分 詞	直説法現在	接 続 法 II
genießen 楽しむ	**genoss** du genossest	**genossen**		genösse
geschehen 起こる(s)	**geschah**	**geschehen**	es geschieht	geschähe
gewinnen 得る	**gewann**	**gewonnen**		gewönne/ gewänne
gießen 注ぐ	**goss** du gossest	**gegossen**		gösse
gleichen 等しい	**glich**	**geglichen**		gliche
graben 掘る	**gr<u>u</u>b**	**gegr<u>a</u>ben**	ich gr<u>a</u>be du gr<u>ä</u>bst er gr<u>ä</u>bt	gr<u>ü</u>be
greifen つかむ	**griff**	**gegriffen**		griffe
haben 持っている	**hatte**	**geh<u>a</u>bt**	ich h<u>a</u>be du hast er hat	hätte
halten 保つ	**hielt**	**gehalten**	ich halte du hältst er hält	hielte
hängen 掛かっている	**hing**	**gehangen**		hinge
heben 持ちあげる	**h<u>o</u>b**	**geh<u>o</u>ben**		h<u>ö</u>be
heißen …と呼ばれる	**hieß**	**geheißen**		hieße
helfen 助ける	**half**	**geholfen**	ich helfe du hilfst er hilft	hülfe/ 稀 hälfe
kennen 知っている	**kan<u>n</u>te**	**gekannt**		kennte
klingen 鳴る	**klang**	**geklungen**		klänge
kommen 来る(s)	**k<u>a</u>m**	**gekommen**		k<u>ä</u>me

不 定 詞	過去基本形	過 去 分 詞	直説法現在	接 続 法 II
können …できる	**konnte**	**gekonnt/** **können**	ich kann du kannst er kann	könnte
kriechen はう (s)	**kroch**	**gekrochen**		kröche
laden 積む	**lud**	**geladen**	ich lade du lädst er lädt	lüde
lassen …させる, 放置する	**ließ**	**gelassen/** **lassen**	ich lasse du lässt er lässt	ließe
laufen 走る, 歩く (s, h)	**lief**	**gelaufen**	ich laufe du läufst er läuft	liefe
leiden 苦しむ	**litt**	**gelitten**		litte
leihen 貸す, 借りる	**lieh**	**geliehen**		liehe
lesen 読む	**las**	**gelesen**	ich lese du liest er liest	läse
liegen 横たわっている	**lag**	**gelegen**		läge
lügen 嘘をつく	**log**	**gelogen**		löge
meiden 避ける	**mied**	**gemieden**		miede
messen 計る	**maß**	**gemessen**	ich messe du misst er misst	mäße
mögen 好む	**mochte**	**gemocht/** **mögen**	ich mag du magst er mag	möchte
müssen …しなければ ならない	**musste**	**gemusst/** **müssen**	ich muss du musst er muss	müsste
nehmen 取る	**nahm**	**genommen**	ich nehme du nimmst er nimmt	nähme
nennen 名づける	**nannte**	**genannt**		nennte

不定詞	過去基本形	過去分詞	直説法現在	接続法 II
preisen 称賛する	**pries**	**gepriesen**		priese
r<u>a</u>ten 助言する	**riet**	**ger<u>a</u>ten**	ich r<u>a</u>te du r<u>ä</u>tst er r<u>ä</u>t	riete
reißen 裂ける(s); 裂く(h)	**riss** du rissest	**gerissen**		risse
reiten 馬で行く(s, h)	**ritt**	**geritten**		ritte
rennen 駆ける(s)	**rannte**	**gerannt**		rennte
riechen におう	**roch**	**gerochen**		röche
r<u>u</u>fen 呼ぶ, 叫ぶ	**rief**	**ger<u>u</u>fen**		riefe
schaffen 創造する	**sch<u>u</u>f**	**geschaffen**		sch<u>ü</u>fe
scheiden 分ける	**schied**	**geschieden**		schiede
scheinen 輝く, …に見える	**schien**	**geschienen**		schiene
schelten 叱る	**schalt**	**gescholten**	ich schelte du schiltst er schilt	schölte
schieben 押す	**sch<u>o</u>b**	**gesch<u>o</u>ben**		sch<u>ö</u>be
schießen 撃つ, 射る	**schoss** du schossest	**geschossen**		schösse
schl<u>a</u>fen 眠る	**schlief**	**geschl<u>a</u>fen**	ich schl<u>a</u>fe du schl<u>ä</u>fst er schl<u>ä</u>ft	schliefe
schl<u>a</u>gen 打つ	**schl<u>u</u>g**	**geschl<u>a</u>gen**	ich schl<u>a</u>ge du schl<u>ä</u>gst er schl<u>ä</u>gt	schl<u>ü</u>ge
schließen 閉じる	**schloss** du schlossest	**geschlossen**		schlösse

不 定 詞	過去基本形	過 去 分 詞	直説法現在	接 続 法 II
schneiden 切る	**schnitt**	**geschnitten**		schnitte
*er***schrecken** 驚く	**erschr<u>a</u>k**	**erschrocken**	ich erschrecke du erschrickst er erschrickt	erschr<u>ä</u>ke
schreiben 書く	**schrieb**	**geschrieben**		schriebe
schreien 叫ぶ	**schrie**	**geschrie[e]n**		schriee
schreiten 歩む(s)	**schritt**	**geschritten**		schritte
schweigen 黙る	**schwieg**	**geschwiegen**		schwiege
schwimmen 泳ぐ(s, h)	**schwamm**	**geschwommen**		schwömme/ schwämme
schw<u>ö</u>ren 誓う	**schw<u>o</u>r**	**geschw<u>o</u>ren**		schw<u>ü</u>re/ 稀 schw<u>ö</u>re
sehen 見る	**sah**	**gesehen**	ich sehe du siehst er sieht	sähe
sein ある, 存在する	**w<u>a</u>r**	**gew<u>e</u>sen**	直説法現在　接続法 I ich bin　sei du bist　sei[e]st er ist ·　sei wir sind　seien ihr seid　seiet sie sind　seien	wäre
senden 送る	**sandte/ sendete**	**gesandt/ gesendet**		sendete
singen 歌う	**sang**	**gesungen**		sänge
sinken 沈む(s)	**sank**	**gesunken**		sänke
sitzen 座っている	**s<u>a</u>ß**	**gesessen**		s<u>ä</u>ße
sollen …すべきである	**sollte**	**gesollt/ sollen**	ich soll du sollst er soll	sollte

不 定 詞	過去基本形	過 去 分 詞	直説法現在	接 続 法 II
sprechen 話す	**sprach**	**gesprochen**	ich spreche du sprichst er spricht	spräche
springen 跳ぶ(s, h)	**sprang**	**gesprungen**		spränge
stechen 刺す	**stach**	**gestochen**	ich steche du stichst er sticht	stäche
stehen 立っている	**stand**	**gestanden**		stünde/ stände
stehlen 盗む	**stahl**	**gestohlen**	ich stehle du stiehlst er stiehlt	stähle/ 稀 stöhle
steigen 登る(s)	**stieg**	**gestiegen**		stiege
sterben 死ぬ(s)	**starb**	**gestorben**	ich sterbe du stirbst er stirbt	stürbe
stoßen 突く(h); ぶつかる(s)	**stieß**	**gestoßen**	ich stoße du stößt er stößt	stieße
streichen なでる	**strich**	**gestrichen**		striche
streiten 争う	**stritt**	**gestritten**		stritte
tragen 運ぶ	**trug**	**getragen**	ich trage du trägst er trägt	trüge
treffen 出会う	**traf**	**getroffen**	ich treffe du triffst er trifft	träfe
treiben 駆りたてる	**trieb**	**getrieben**		triebe
treten 踏む(h); 歩む(s)	**trat**	**getreten**	ich trete du trittst er tritt	träte
trinken 飲む	**trank**	**getrunken**		tränke
tun する, 行う	**tat**	**getan**		täte

不 定 詞	過去基本形	過 去 分 詞	直説法現在	接 続 法 II
verderben だめになる (s); だめにする (h)	**verdarb**	**verdorben**	ich verderbe du verdirbst er verdirbt	verdürbe
vergessen 忘れる	**vergaß**	**vergessen**	ich vergesse du vergisst er vergisst	vergäße
verlieren 失う	**verlor**	**verloren**		verlöre
wachsen 成長する (s)	**wuchs**	**gewachsen**	ich wachse du wächst er wächst	wüchse
waschen 洗う	**wusch**	**gewaschen**	ich wasche du wäschst er wäscht	wüsche
weisen 指示する	**wies**	**gewiesen**		wiese
wenden 向きを変える	**wandte/** **wendete**	**gewandt/** **gewendet**		wendete
werben 募集する	**warb**	**geworben**	ich werbe du wirbst er wirbt	würbe
werden …になる (s)	**wurde**	**geworden/** 受動 **worden**	ich werde du wirst er wird	würde
werfen 投げる	**warf**	**geworfen**	ich werfe du wirfst er wirft	würfe
wiegen 重さを量る	**wog**	**gewogen**		wöge
wissen 知っている	**wusste**	**gewusst**	ich weiß du weißt er weiß	wüsste
wollen 欲する	**wollte**	**gewollt/** **wollen**	ich will du willst er will	wollte
ziehen 引く (h); 移動する (s)	**zog**	**gezogen**		zöge
zwingen 強制する	**zwang**	**gezwungen**		zwänge